T&P BOOKS

ALBANÊS
VOCABULÁRIO

PALAVRAS MAIS ÚTEIS

PORTUGUÊS ALBANÊS

Para alargar o seu léxico e apurar
as suas competências linguísticas

5000 palavras

Vocabulário Português-Albanês - 5000 palavras
Por Andrey Taranov

Os vocabulários da T&P Books destinam-se a ajudar a aprender, a memorizar, e a rever palavras estrangeiras. O dicionário é dividido em temas, cobrindo todas as principais esferas de atividades quotidianas, negócios, ciência, cultura, etc.

O processo de aprendizagem, utilizando os dicionários baseados em temáticas da T&P Books dá-lhe as seguintes vantagens:

- Informação de origem corretamente agrupada predetermina o sucesso em fases subsequentes da memorização de palavras
- Disponibilização de palavras derivadas da mesma raiz, o que permite a memorização de unidades de texto (em vez de palavras separadas)
- Pequenas unidades de palavras facilitam o processo de estabelecimento de vínculos associativos necessários para a consolidação do vocabulário
- O nível de conhecimento da língua pode ser estimado pelo número de palavras aprendidas

Copyright © 2018 T&P Books Publishing

Todos os direitos reservados. Nenhuma parte desta publicação pode ser reproduzida, total ou parcialmente, por quaisquer métodos ou processos, sejam eles eletrónicos, mecânicos, de fotocópia ou outros, sem a autorização escrita do editor. Esta publicação não pode ser divulgada, copiada ou distribuída em nenhum formato.

T&P Books Publishing
www.tpbooks.com

ISBN: 978-1-78767-049-5

Este livro também está disponível em formato E-book.
Por favor visite www.tpbooks.com ou as principais livrarias on-line.

VOCABULÁRIO ALBANÊS
palavras mais úteis

Os vocabulários da T&P Books destinam-se a ajudar a aprender, a memorizar, e a rever palavras estrangeiras. O vocabulário contém mais de 5000 palavras de uso comum organizadas tematicamente.

O vocabulário contém as palavras mais comummente usadas
Recomendado como adicional para qualquer curso de línguas
Satisfaz as necessidades dos iniciados e dos alunos avançados de línguas estrangeiras
Conveniente para o uso diário, sessões de revisão e atividades de auto-teste
Permite avaliar o seu vocabulário

Características especias do vocabulário

- As palavras estão organizadas de acordo com o seu significado, e não por ordem alfabética
- As palavras são apresentadas em três colunas para facilitar os processos de revisão e auto-teste
- As palavras compostas são divididas em pequenos blocos para facilitar o processo de aprendizagem
- O vocabulário oferece uma transcrição simples e adequada de cada palavra estrangeira

O vocabulário contém 155 tópicos incluindo:

Conceitos básicos, Números, Cores, Meses, Estações do ano, Unidades de medida, Roupas & Acessórios, Alimentos & Nutrição, Restaurante, Membros da Família, Parentes, Caráter, Sentimentos, Emoções, Doenças, Cidade, Passeios, Compras, Dinheiro, Casa, Lar, Escritório, Trabalho no Escritório, Importação & Exportação, Marketing, Pesquisa de Emprego, Desportos, Educação, Computador, Internet, Ferramentas, Natureza, Países, Nacionalidades e muito mais ...

TABELA DE CONTEÚDOS

Guia de pronunciação — 9
Abreviaturas — 10

CONCEITOS BÁSICOS — 11
Conceitos básicos. Parte 1 — 11

1. Pronomes — 11
2. Cumprimentos. Saudações. Despedidas — 11
3. Como se dirigir a alguém — 12
4. Números cardinais. Parte 1 — 12
5. Números cardinais. Parte 2 — 13
6. Números ordinais — 14
7. Números. Frações — 14
8. Números. Operações básicas — 14
9. Números. Diversos — 14
10. Os verbos mais importantes. Parte 1 — 15
11. Os verbos mais importantes. Parte 2 — 16
12. Os verbos mais importantes. Parte 3 — 17
13. Os verbos mais importantes. Parte 4 — 18
14. Cores — 19
15. Questões — 19
16. Preposições — 20
17. Palavras funcionais. Advérbios. Parte 1 — 20
18. Palavras funcionais. Advérbios. Parte 2 — 22

Conceitos básicos. Parte 2 — 24

19. Dias da semana — 24
20. Horas. Dia e noite — 24
21. Meses. Estações — 25
22. Unidades de medida — 27
23. Recipientes — 28

O SER HUMANO — 29
O ser humano. O corpo — 29

24. Cabeça — 29
25. Corpo humano — 30

Vestuário & Acessórios — 31

26. Roupa exterior. Casacos — 31
27. Vestuário de homem & mulher — 31

28. Vestuário. Roupa interior	32
29. Adereços de cabeça	32
30. Calçado	32
31. Acessórios pessoais	33
32. Vestuário. Diversos	33
33. Cuidados pessoais. Cosméticos	34
34. Relógios de pulso. Relógios	35

Alimantação. Nutrição	36
35. Comida	36
36. Bebidas	37
37. Vegetais	38
38. Frutos. Nozes	39
39. Pão. Bolaria	40
40. Pratos cozinhados	40
41. Especiarias	41
42. Refeições	42
43. Por a mesa	43
44. Restaurante	43

Família, parentes e amigos	44
45. Informação pessoal. Formulários	44
46. Membros da família. Parentes	44

Medicina	46
47. Doenças	46
48. Simtomas. Tratamentos. Parte 1	47
49. Simtomas. Tratamentos. Parte 2	48
50. Simtomas. Tratamentos. Parte 3	49
51. Médicos	50
52. Medicina. Drogas. Acessórios	50

HABITAT HUMANO	52
Cidade	52
53. Cidade. Vida na cidade	52
54. Instituições urbanas	53
55. Sinais	54
56. Transportes urbanos	55
57. Turismo	56
58. Compras	57
59. Dinheiro	58
60. Correios. Serviço postal	59

Moradia. Casa. Lar	60
61. Casa. Eletricidade	60

62. Moradia. Mansão	60
63. Apartamento	60
64. Mobiliário. Interior	61
65. Quarto de dormir	62
66. Cozinha	62
67. Casa de banho	63
68. Eletrodomésticos	64

ATIVIDADES HUMANAS	**65**
Emprego. Negócios. Parte 1	**65**
69. Escritório. O trabalho no escritório	65
70. Processos negociais. Parte 1	66
71. Processos negociais. Parte 2	67
72. Produção. Trabalhos	68
73. Contrato. Acordo	69
74. Importação & Exportação	70
75. Finanças	70
76. Marketing	71
77. Publicidade	72
78. Banca	72
79. Telefone. Conversação telefónica	73
80. Telefone móvel	74
81. Estacionário	74
82. Tipos de negócios	75

Emprego. Negócios. Parte 2	**77**
83. Espetáculo. Feira	77
84. Ciência. Investigação. Cientistas	78

Profissões e ocupações	**80**
85. Procura de emprego. Demissão	80
86. Gente de negócios	80
87. Profissões de serviços	81
88. Profissões militares e postos	82
89. Oficiais. Padres	83
90. Profissões agrícolas	83
91. Profissões artísticas	84
92. Várias profissões	84
93. Ocupações. Estatuto social	86

Educação	**87**
94. Escola	87
95. Colégio. Universidade	88
96. Ciências. Disciplinas	89
97. Sistema de escrita. Ortografia	89
98. Línguas estrangeiras	90

Descanso. Entretenimento. Viagens　92

99. Viagens　92
100. Hotel　92

EQUIPAMENTO TÉCNICO. TRANSPORTES　94
Equipamento técnico. Transportes　94

101. Computador　94
102. Internet. E-mail　95
103. Eletricidade　96
104. Ferramentas　96

Transportes　99

105. Avião　99
106. Comboio　100
107. Barco　101
108. Aeroporto　102

Eventos　104

109. Férias. Evento　104
110. Funerais. Enterro　105
111. Guerra. Soldados　105
112. Guerra. Ações militares. Parte 1　106
113. Guerra. Ações militares. Parte 2　108
114. Armas　109
115. Povos da antiguidade　111
116. Idade média　111
117. Líder. Chefe. Autoridades　113
118. Viloação da lei. Criminosos. Parte 1　114
119. Viloação da lei. Criminosos. Parte 2　115
120. Polícia. Lei. Parte 1　116
121. Polícia. Lei. Parte 2　117

NATUREZA　119
A Terra. Parte 1　119

122. Espaço sideral　119
123. A Terra　120
124. Pontos cardeais　121
125. Mar. Oceano　121
126. Nomes de Mares e Oceanos　122
127. Montanhas　123
128. Nomes de montanhas　124
129. Rios　124
130. Nomes de rios　125
131. Floresta　125
132. Recursos naturais　126

A Terra. Parte 2 — 128

133. Tempo — 128
134. Tempo extremo. Catástrofes naturais — 129

Fauna — 130

135. Mamíferos. Predadores — 130
136. Animais selvagens — 130
137. Animais domésticos — 131
138. Pássaros — 132
139. Peixes. Animais marinhos — 134
140. Amfíbios. Répteis — 134
141. Insetos — 135

Flora — 136

142. Árvores — 136
143. Arbustos — 136
144. Frutos. Bagas — 137
145. Flores. Plantas — 138
146. Cereais, grãos — 139

PAÍSES. NACIONALIDADES — 140

147. Europa Ocidental — 140
148. Europa Central e de Leste — 140
149. Países da ex-URSS — 141
150. Asia — 141
151. America do Norte — 142
152. America Centrale do Sul — 142
153. Africa — 143
154. Australia. Oceania — 143
155. Cidades — 143

GUIA DE PRONUNCIAÇÃO

Alfabeto fonético T&P	Exemplo albanês	Exemplo Português
[a]	flas [flas]	chamar
[e], [ɛ]	melodi [mɛlodí]	mover
[ə]	kërkoj [kərkój]	milagre
[i]	pikë [píkə]	sinónimo
[o]	motor [motór]	lobo
[u]	fuqi [fucí]	bonita
[y]	myshk [myʃk]	questionar
[b]	brakë [brákə]	barril
[c]	oqean [ocɛán]	Tchim-tchim!
[d]	adoptoj [adoptój]	dentista
[dz]	lexoj [lɛdzój]	pizza
[dʒ]	xham [dʒam]	adjetivo
[ð]	dhomë [ðómə]	[z] - fricativa dental sonora não-sibilante
[f]	i fortë [i fórtə]	safári
[g]	bullgari [buɫgarí]	gosto
[h]	jaht [jáht]	[h] aspirada
[j]	hyrje [hýrjɛ]	géiser
[ɟ]	zgjedh [zɟɛð]	jingle
[k]	korik [korík]	kiwi
[l]	lëviz [ləvíz]	libra
[ɫ]	shkallë [ʃkáɫə]	álcool
[m]	medalje [mɛdáljɛ]	magnólia
[n]	klan [klan]	natureza
[ɲ]	spanjoll [spaɲóɫ]	ninhada
[ŋ]	trung [truŋ]	alcançar
[p]	polici [politsí]	presente
[r]	i erët [i érət]	riscar
[ɾ]	groshë [gróʃə]	preto
[s]	spital [spitál]	sanita
[ʃ]	shes [ʃɛs]	mês
[t]	tapet [tapét]	tulipa
[ts]	batica [batítsa]	tsé-tsé
[tʃ]	kaçube [katʃúbɛ]	Tchau!
[v]	javor [javór]	fava
[z]	horizont [horizónt]	sésamo
[ʒ]	kuzhinë [kuʒínə]	talvez
[θ]	përkthej [pərkθéj]	[s] - fricativa dental surda não-sibilante

ABREVIATURAS
usadas no vocabulário

Abreviaturas do Português

adj	- adjetivo
adv	- advérbio
anim.	- animado
conj.	- conjunção
desp.	- desporto
etc.	- etecetra
ex.	- por exemplo
f	- nome feminino
f pl	- feminino plural
fem.	- feminino
inanim.	- inanimado
m	- nome masculino
m pl	- masculino plural
m, f	- masculino, feminino
masc.	- masculino
mat.	- matemática
mil.	- militar
pl	- plural
prep.	- preposição
pron.	- pronome
sb.	- sobre
sing.	- singular
v aux	- verbo auxiliar
vi	- verbo intransitivo
vi, vt	- verbo intransitivo, transitivo
vr	- verbo reflexivo
vt	- verbo transitivo

Abreviaturas do albanês

f	- nome feminino
m	- nome masculino
pl	- plural

CONCEITOS BÁSICOS

Conceitos básicos. Parte 1

1. Pronomes

eu	Unë, mua	[unə], [múa]
tu	ti, ty	[ti], [ty]
ele	ai	[aí]
ela	ajo	[ajó]
ele, ela (neutro)	ai	[aí]
nós	ne	[nɛ]
vocês	ju	[ju]
eles	ata	[atá]
elas	ato	[ató]

2. Cumprimentos. Saudações. Despedidas

Olá!	Përshëndetje!	[pərʃəndétjɛ!]
Bom dia! (formal)	Përshëndetje!	[pərʃəndétjɛ!]
Bom dia! (de manhã)	Mirëmëngjes!	[mirəmənɟés!]
Boa tarde!	Mirëdita!	[mirədíta!]
Boa noite!	Mirëmbrëma!	[mirəmbréma!]
cumprimentar (vt)	përshëndes	[pərʃəndés]
Olá!	Ç'kemi!	[tʃkémi!]
saudação (f)	përshëndetje (f)	[pərʃəndétjɛ]
saudar (vt)	përshëndes	[pərʃəndés]
Como vai?	Si jeni?	[si jéni?]
Como vais?	Si je?	[si jɛ?]
O que há de novo?	Çfarë ka të re?	[tʃfárə ká tə ré?]
Adeus! (formal)	Mirupafshim!	[mirupáfʃim!]
Até à vista! (informal)	U pafshim!	[u páfʃim!]
Até breve!	Shihemi së shpejti!	[ʃíhɛmi sə ʃpéjti!]
Adeus!	Lamtumirë!	[lamtumírə!]
despedir-se (vr)	përshëndetem	[pərʃəndétɛm]
Até logo!	Tungjatjeta!	[tunɟatjéta!]
Obrigado! -a!	Faleminderit!	[falɛmindérit!]
Muito obrigado! -a!	Faleminderit shumë!	[falɛmindérit ʃúmə!]
De nada	Të lutem	[tə lútɛm]
Não tem de quê	Asgjë!	[asɟé!]
De nada	Asgjë	[asɟé]

Desculpa!	Më fal!	[mə fal!]
Desculpe!	Më falni!	[mə fálni!]
desculpar (vt)	fal	[fal]
desculpar-se (vr)	kërkoj falje	[kərkój fáljɛ]
As minhas desculpas	Kërkoj ndjesë	[kərkój ndjésə]
Desculpe!	Më vjen keq!	[mə vjɛn kɛc!]
perdoar (vt)	fal	[fal]
Não faz mal	S'ka gjë!	[s'ka jə!]
por favor	të lutem	[tə lútɛm]
Não se esqueça!	Mos harro!	[mos haró!]
Certamente! Claro!	Sigurisht!	[sigurí∫t!]
Claro que não!	Sigurisht që jo!	[sigurí∫t cə jo!]
Está bem! De acordo!	Në rregull!	[nə régułl!]
Basta!	Mjafton!	[mjaftón!]

3. Como se dirigir a alguém

Desculpe (para chamar a atenção)	Më falni, ...	[mə fálni, ...]
senhor	zotëri	[zotərí]
senhora	zonjë	[zóɲə]
rapariga	zonjushë	[zoɲú∫ə]
rapaz	djalë i ri	[djálə i rí]
menino	djalosh	[djaló∫]
menina	vajzë	[vájzə]

4. Números cardinais. Parte 1

zero	zero	[zéro]
um	një	[ɲə]
dois	dy	[dy]
três	tre	[trɛ]
quatro	katër	[kátər]
cinco	pesë	[pésə]
seis	gjashtë	[ɟá∫tə]
sete	shtatë	[∫táte]
oito	tetë	[tétə]
nove	nëntë	[nəntə]
dez	dhjetë	[ðjétə]
onze	njëmbëdhjetë	[ɲəmbəðjétə]
doze	dymbëdhjetë	[dymbəðjétə]
treze	trembëdhjetë	[trɛmbəðjétə]
catorze	katërmbëdhjetë	[katərmbəðjétə]
quinze	pesëmbëdhjetë	[pɛsəmbəðjétə]
dezasseis	gjashtëmbëdhjetë	[ɟa∫təmbəðjétə]
dezassete	shtatëmbëdhjetë	[∫tatəmbəðjétə]
dezoito	tetëmbëdhjetë	[tɛtəmbəðjétə]

dezanove	nëntëmbëdhjetë	[nəntəmbəðjétə]
vinte	njëzet	[nəzét]
vinte e um	njëzet e një	[nəzét ɛ ɲə]
vinte e dois	njëzet e dy	[nəzét ɛ dy]
vinte e três	njëzet e tre	[nəzét ɛ trɛ]
trinta	tridhjetë	[triðjétə]
trinta e um	tridhjetë e një	[triðjétə ɛ ɲə]
trinta e dois	tridhjetë e dy	[triðjétə ɛ dy]
trinta e três	tridhjetë e tre	[triðjétə ɛ trɛ]
quarenta	dyzet	[dyzét]
quarenta e um	dyzet e një	[dyzét ɛ ɲə]
quarenta e dois	dyzet e dy	[dyzét ɛ dy]
quarenta e três	dyzet e tre	[dyzét ɛ trɛ]
cinquenta	pesëdhjetë	[pɛsəðjétə]
cinquenta e um	pesëdhjetë e një	[pɛsəðjétə ɛ ɲə]
cinquenta e dois	pesëdhjetë e dy	[pɛsəðjétə ɛ dy]
cinquenta e três	pesëdhjetë e tre	[pɛsəðjétə ɛ trɛ]
sessenta	gjashtëdhjetë	[ɟaʃtəðjétə]
sessenta e um	gjashtëdhjetë e një	[ɟaʃtəðjétə ɛ ɲə]
sessenta e dois	gjashtëdhjetë e dy	[ɟaʃtəðjétə ɛ dý]
sessenta e três	gjashtëdhjetë e tre	[ɟaʃtəðjétə ɛ tré]
setenta	shtatëdhjetë	[ʃtatəðjétə]
setenta e um	shtatëdhjetë e një	[ʃtatəðjétə ɛ ɲə]
setenta e dois	shtatëdhjetë e dy	[ʃtatəðjétə ɛ dy]
setenta e três	shtatëdhjetë e tre	[ʃtatəðjétə ɛ trɛ]
oitenta	tetëdhjetë	[tɛtəðjétə]
oitenta e um	tetëdhjetë e një	[tɛtəðjétə ɛ ɲə]
oitenta e dois	tetëdhjetë e dy	[tɛtəðjétə ɛ dy]
oitenta e três	tetëdhjetë e tre	[tɛtəðjétə ɛ trɛ]
noventa	nëntëdhjetë	[nəntəðjétə]
noventa e um	nëntëdhjetë e një	[nəntəðjétə ɛ ɲə]
noventa e dois	nëntëdhjetë e dy	[nəntəðjétə ɛ dy]
noventa e três	nëntëdhjetë e tre	[nəntəðjétə ɛ trɛ]

5. Números cardinais. Parte 2

cem	njëqind	[ɲəcínd]
duzentos	dyqind	[dycínd]
trezentos	treqind	[trɛcínd]
quatrocentos	katërqind	[katərcínd]
quinhentos	pesëqind	[pɛsəcínd]
seiscentos	gjashtëqind	[ɟaʃtəcínd]
setecentos	shtatëqind	[ʃtatəcínd]
oitocentos	tetëqind	[tɛtəcínd]
novecentos	nëntëqind	[nəntəcínd]
mil	një mijë	[ɲə míjə]

dois mil	dy mijë	[dy míjə]
três mil	tre mijë	[trɛ míjə]
dez mil	dhjetë mijë	[ðjétə míjə]
cem mil	njëqind mijë	[ɲəcínd míjə]
um milhão	milion (m)	[milión]
mil milhões	miliardë (f)	[miliárdə]

6. Números ordinais

primeiro	i pari	[i pári]
segundo	i dyti	[i dýti]
terceiro	i treti	[i tréti]
quarto	i katërti	[i kátərti]
quinto	i pesti	[i pésti]
sexto	i gjashti	[i ɟáʃti]
sétimo	i shtati	[i ʃtáti]
oitavo	i teti	[i téti]
nono	i nënti	[i nénti]
décimo	i dhjeti	[i ðjéti]

7. Números. Frações

fração (f)	thyesë (f)	[θýɛsə]
um meio	gjysma	[ɟýsma]
um terço	një e treta	[ɲə ɛ tréta]
um quarto	një e katërta	[ɲə ɛ kátərta]
um oitavo	një e teta	[ɲə ɛ téta]
um décimo	një e dhjeta	[ɲə ɛ ðjéta]
dois terços	dy të tretat	[dy tə trétat]
três quartos	tre të katërtat	[trɛ tə kátərtat]

8. Números. Operações básicas

subtração (f)	zbritje (f)	[zbrítjɛ]
subtrair (vi, vt)	zbres	[zbrɛs]
divisão (f)	pjesëtim (m)	[pjɛsətím]
dividir (vt)	pjesëtoj	[pjɛsətój]
adição (f)	mbledhje (f)	[mbléðjɛ]
somar (vt)	shtoj	[ʃtoj]
adicionar (vt)	mbledh	[mbléð]
multiplicação (f)	shumëzim (m)	[ʃumǝzím]
multiplicar (vt)	shumëzoj	[ʃumǝzój]

9. Números. Diversos

algarismo, dígito (m)	shifër (f)	[ʃífər]
número (m)	numër (m)	[númər]

numeral (m)	numerik (m)	[numɛrík]
menos (m)	minus (m)	[minús]
mais (m)	plus (m)	[plus]
fórmula (f)	formulë (f)	[formúlə]

cálculo (m)	llogaritje (f)	[ɫogarítjɛ]
contar (vt)	numëroj	[numərój]
calcular (vt)	llogaris	[ɫogarís]
comparar (vt)	krahasoj	[krahasój]

Quanto, -os, -as?	Sa?	[sa?]
soma (f)	shuma (f)	[ʃúma]
resultado (m)	rezultat (m)	[rɛzultát]
resto (m)	mbetje (f)	[mbétjɛ]

alguns, algumas ...	disa	[disá]
um pouco de ...	pak	[pak]
poucos, -as (~ pessoas)	disa	[disá]
um pouco (~ de vinho)	pak	[pak]

resto (m)	mbetje (f)	[mbétjɛ]
um e meio	një e gjysmë (f)	[nə ɛ ɟýsmə]
dúzia (f)	dyzinë (f)	[dyzínə]

ao meio	përgjysmë	[pərɟýsmə]
em partes iguais	gjysmë për gjysmë	[ɟýsmə pər ɟýsmə]
metade (f)	gjysmë (f)	[ɟýsmə]
vez (f)	herë (f)	[hérə]

10. Os verbos mais importantes. Parte 1

abrir (vt)	hap	[hap]
acabar, terminar (vt)	përfundoj	[pərfundój]
aconselhar (vt)	këshilloj	[kəʃiɫój]
adivinhar (vt)	hamendësoj	[hamɛndəsój]
advertir (vt)	paralajmëroj	[paralajmərój]

ajudar (vt)	ndihmoj	[ndihmój]
almoçar (vi)	ha drekë	[ha drékə]
alugar (~ um apartamento)	marr me qira	[mar mɛ cirá]
amar (vt)	dashuroj	[daʃurój]
ameaçar (vt)	kërcënoj	[kərtsənój]

anotar (escrever)	mbaj shënim	[mbáj ʃəním]
apanhar (vt)	kap	[kap]
apressar-se (vr)	nxitoj	[ndzitój]
arrepender-se (vr)	pendohem	[pɛndóhɛm]
assinar (vt)	nënshkruaj	[nənʃkrúaj]

atirar, disparar (vi)	qëlloj	[cəɫój]
brincar (vi)	bëj shaka	[bəj ʃaká]
brincar, jogar (crianças)	luaj	[lúaj]
buscar (vt)	kërkoj ...	[kərkój ...]
caçar (vi)	dal për gjah	[dál pər ɟáh]

cair (vi)	bie	[bíɛ]
cavar (vt)	gërmoj	[gərmój]
cessar (vt)	ndaloj	[ndalój]
chamar (~ por socorro)	thërras	[θərás]
chegar (vi)	arrij	[aríj]
chorar (vi)	qaj	[caj]
começar (vt)	filloj	[fiɫój]
comparar (vt)	krahasoj	[krahasój]
compreender (vt)	kuptoj	[kuptój]
concordar (vi)	bie dakord	[bíɛ dakórd]
confiar (vt)	besoj	[bɛsój]
confundir (equivocar-se)	ngatërroj	[ŋatərój]
conhecer (vt)	njoh	[ɲóh]
contar (fazer contas)	numëroj	[numərój]
contar com (esperar)	mbështetem ...	[mbəʃtétɛm ...]
continuar (vt)	vazhdoj	[vaʒdój]
controlar (vt)	kontrolloj	[kontroɫój]
convidar (vt)	ftoj	[ftoj]
correr (vi)	vrapoj	[vrapój]
criar (vt)	krijoj	[krijój]
custar (vt)	kushton	[kuʃtón]

11. Os verbos mais importantes. Parte 2

dar (vt)	jap	[jap]
dar uma dica	aludoj	[aludój]
decorar (enfeitar)	zbukuroj	[zbukurój]
defender (vt)	mbroj	[mbrój]
deixar cair (vt)	lëshoj	[ləʃój]
descer (para baixo)	zbres	[zbrɛs]
desculpar (vt)	fal	[fal]
desculpar-se (vr)	kërkoj falje	[kərkój fáljɛ]
dirigir (~ uma empresa)	drejtoj	[drɛjtój]
discutir (notícias, etc.)	diskutoj	[diskutój]
dizer (vt)	them	[θɛm]
duvidar (vt)	dyshoj	[dyʃój]
encontrar (achar)	gjej	[ɟéj]
enganar (vt)	mashtroj	[maʃtrój]
entrar (na sala, etc.)	hyj	[hyj]
enviar (uma carta)	dërgoj	[dərgój]
errar (equivocar-se)	gaboj	[gabój]
escolher (vt)	zgjedh	[zɟɛð]
esconder (vt)	fsheh	[fʃéh]
escrever (vt)	shkruaj	[ʃkrúaj]
esperar (o autocarro, etc.)	pres	[prɛs]
esperar (ter esperança)	shpresoj	[ʃprɛsój]
esquecer (vt)	harroj	[harój]

estudar (vt)	studioj	[studiój]
exigir (vt)	kërkoj	[kərkój]
existir (vi)	ekzistoj	[εkzistój]
explicar (vt)	shpjegoj	[ʃpjεgój]
falar (vi)	flas	[flas]
faltar (clases, etc.)	humbas	[humbás]
fazer (vt)	bëj	[bəj]
ficar em silêncio	hesht	[hεʃt]
gabar-se, jactar-se (vr)	mburrem	[mbúrεm]
gostar (apreciar)	pëlqej	[pəlcéj]
gritar (vi)	bërtas	[bərtás]
guardar (cartas, etc.)	mbaj	[mbáj]
informar (vt)	informoj	[informój]
insistir (vi)	këmbëngul	[kəmbəŋúl]
insultar (vt)	fyej	[fýεj]
interessar-se (vr)	interesohem ...	[intεrεsóhεm ...]
ir (a pé)	ec në këmbë	[εts nə kémbə]
ir nadar	notoj	[notój]
jantar (vi)	ha darkë	[ha dárkə]

12. Os verbos mais importantes. Parte 3

ler (vt)	lexoj	[lεdzój]
libertar (cidade, etc.)	çliroj	[tʃlirój]
matar (vt)	vras	[vras]
mencionar (vt)	përmend	[pərménd]
mostrar (vt)	tregoj	[trεgój]
mudar (modificar)	ndryshoj	[ndryʃój]
nadar (vi)	notoj	[notój]
negar-se (vt)	refuzoj	[rεfuzój]
objetar (vt)	kundërshtoj	[kundərʃtój]
observar (vt)	vëzhgoj	[vəʒgój]
ordenar (mil.)	urdhëroj	[urðərój]
ouvir (vt)	dëgjoj	[dəɟój]
pagar (vt)	paguaj	[pagúaj]
parar (vi)	ndaloj	[ndalój]
participar (vi)	marr pjesë	[mar pjésə]
pedir (comida)	porosis	[porosís]
pedir (um favor, etc.)	pyes	[pýεs]
pegar (tomar)	marr	[mar]
pensar (vt)	mendoj	[mεndój]
perceber (ver)	vërej	[vəréj]
perdoar (vt)	fal	[fal]
perguntar (vt)	pyes	[pýεs]
permitir (vt)	lejoj	[lεjój]
pertencer (vt)	përkas ...	[pərkás ...]
planear (vt)	planifikoj	[planifikój]

poder (vi)	mund	[mund]
possuir (vt)	zotëroj	[zotərój]
preferir (vt)	preferoj	[prɛfɛrój]
preparar (vt)	gatuaj	[gatúaj]

prever (vt)	parashikoj	[paraʃikój]
prometer (vt)	premtoj	[prɛmtój]
pronunciar (vt)	shqiptoj	[ʃciptój]
propor (vt)	propozoj	[propozój]
punir (castigar)	ndëshkoj	[ndəʃkój]

13. Os verbos mais importantes. Parte 4

quebrar (vt)	ndahem	[ndáhɛm]
queixar-se (vr)	ankohem	[ankóhɛm]
querer (desejar)	dëshiroj	[dəʃirój]
recomendar (vt)	rekomandoj	[rɛkomandój]
repetir (dizer outra vez)	përsëris	[pərsərís]

repreender (vt)	qortoj	[cortój]
reservar (~ um quarto)	rezervoj	[rɛzɛrvój]
responder (vt)	përgjigjem	[pərɟíʝɛm]
rezar, orar (vi)	lutem	[lútɛm]
rir (vi)	qesh	[cɛʃ]

roubar (vt)	vjedh	[vjɛð]
saber (vt)	di	[di]
sair (~ de casa)	dal	[dal]
salvar (vt)	shpëtoj	[ʃpətój]
seguir ...	ndjek ...	[ndjék ...]

sentar-se (vr)	ulem	[úlɛm]
ser necessário	nevojitet	[nɛvojítɛt]
ser, estar	jam	[jam]
significar (vt)	nënkuptoj	[nənkuptój]

sorrir (vi)	buzëqesh	[buzəcéʃ]
subestimar (vt)	nënvlerësoj	[nənvlɛrəsój]
surpreender-se (vr)	çuditem	[tʃudítɛm]
tentar (vt)	përpiqem	[pərpícɛm]

ter (vt)	kam	[kam]
ter fome	kam uri	[kam urí]
ter medo	kam frikë	[kam fríkə]
ter sede	kam etje	[kam étjɛ]

tocar (com as mãos)	prek	[prɛk]
tomar o pequeno-almoço	ha mëngjes	[ha mənɟés]
trabalhar (vi)	punoj	[punój]
traduzir (vt)	përkthej	[pərkθéj]
unir (vt)	bashkoj	[baʃkój]

| vender (vt) | shes | [ʃɛs] |
| ver (vt) | shikoj | [ʃikój] |

| virar (ex. ~ à direita) | kthej | [kθɛj] |
| voar (vi) | fluturoj | [fluturój] |

14. Cores

cor (f)	ngjyrë (f)	[ɲjýrə]
matiz (m)	nuancë (f)	[nuántsə]
tom (m)	tonalitet (m)	[tonalitét]
arco-íris (m)	ylber (m)	[ylbér]

branco	e bardhë	[ɛ bárðə]
preto	e zezë	[ɛ zézə]
cinzento	gri	[gri]

verde	jeshile	[jɛʃílɛ]
amarelo	e verdhë	[ɛ vérðə]
vermelho	e kuqe	[ɛ kúcɛ]

azul	blu	[blu]
azul claro	bojëqielli	[bojəciéti]
rosa	rozë	[rózə]
laranja	portokalli	[portokáti]
violeta	bojëvjollcë	[bojəvjóttsə]
castanho	kafe	[káfɛ]

| dourado | e artë | [ɛ ártə] |
| prateado | e argjendtë | [ɛ aɟɲéndtə] |

bege	bezhë	[béʒə]
creme	krem	[krɛm]
turquesa	e bruztë	[ɛ brúztə]
vermelho cereja	qershi	[cɛrʃí]
lilás	jargavan	[jargaván]
carmesim	e kuqe e thellë	[ɛ kúcɛ ɛ θétə]

claro	e hapur	[ɛ hápur]
escuro	e errët	[ɛ érət]
vivo	e ndritshme	[ɛ ndrítʃmɛ]

de cor	e ngjyrosur	[ɛ ɲjyrósur]
a cores	ngjyrë	[ɲjýrə]
preto e branco	bardhë e zi	[bárðə ɛ zi]
unicolor	njëngjyrëshe	[nəɲjýrəʃɛ]
multicor	shumëngjyrëshe	[ʃumənjýrəʃɛ]

15. Questões

Quem?	Kush?	[kuʃ?]
Que?	Çka?	[tʃká?]
Onde?	Ku?	[ku?]
Para onde?	Për ku?	[pər ku?]
De onde?	Nga ku?	[ŋa ku?]

Quando?	Kur?	[kur?]
Para quê?	Pse?	[psɛ?]
Porquê?	Pse?	[psɛ?]
Para quê?	Për çfarë arsye?	[pər tʃfárə arsýɛ?]
Como?	Si?	[si?]
Qual?	Çfarë?	[tʃfárə?]
Qual? (entre dois ou mais)	Cili?	[tsíli?]
A quem?	Kujt?	[kújt?]
Sobre quem?	Për kë?	[pər kə?]
Do quê?	Për çfarë?	[pər tʃfárə?]
Com quem?	Me kë?	[mɛ kə?]
Quanto, -os, -as?	Sa?	[sa?]
De quem?	Të kujt?	[tə kujt?]

16. Preposições

com (prep.)	me	[mɛ]
sem (prep.)	pa	[pa]
a, para (exprime lugar)	për në	[pər nə]
sobre (ex. falar ~)	për	[pər]
antes de ...	përpara	[pərpára]
diante de ...	para ...	[pára ...]
sob (debaixo de)	nën	[nən]
sobre (em cima de)	mbi	[mbí]
sobre (~ a mesa)	mbi	[mbí]
de (vir ~ Lisboa)	nga	[ŋa]
de (feito ~ pedra)	nga	[ŋa]
dentro de (~ dez minutos)	për	[pər]
por cima de ...	sipër	[sípər]

17. Palavras funcionais. Advérbios. Parte 1

Onde?	Ku?	[ku?]
aqui	këtu	[kətú]
lá, ali	atje	[atjé]
em algum lugar	diku	[dikú]
em lugar nenhum	askund	[askúnd]
ao pé de ...	afër	[áfər]
ao pé da janela	tek dritarja	[tɛk dritárja]
Para onde?	Për ku?	[pər ku?]
para cá	këtu	[kətú]
para lá	atje	[atjé]
daqui	nga këtu	[ŋa kətú]
de lá, dali	nga atje	[ŋa atjɛ]

perto	pranë	[pránə]
longe	larg	[larg]
perto de ...	afër	[áfər]
ao lado de	pranë	[pránə]
perto, não fica longe	jo larg	[jo lárg]
esquerdo	majtë	[májtə]
à esquerda	majtas	[májtas]
para esquerda	në të majtë	[nə tə májtə]
direito	djathtë	[djáθtə]
à direita	djathtas	[djáθtas]
para direita	në të djathtë	[nə tə djáθtə]
à frente	përballë	[pərbátə]
da frente	i përparmë	[i pərpármə]
em frente (para a frente)	përpara	[pərpára]
atrás de ...	prapa	[prápa]
por detrás (vir ~)	nga prapa	[ŋa prápa]
para trás	pas	[pas]
meio (m), metade (f)	mes (m)	[mɛs]
no meio	në mes	[nə mɛs]
de lado	në anë	[nə anə]
em todo lugar	kudo	[kúdo]
ao redor (olhar ~)	përreth	[pəréθ]
de dentro	nga brenda	[ŋa brénda]
para algum lugar	diku	[dikú]
diretamente	drejt	[dréjt]
de volta	pas	[pas]
de algum lugar	nga kudo	[ŋa kúdo]
de um lugar	nga diku	[ŋa dikú]
em primeiro lugar	së pari	[sə pári]
em segundo lugar	së dyti	[sə dýti]
em terceiro lugar	së treti	[sə tréti]
de repente	befas	[béfas]
no início	në fillim	[nə fitím]
pela primeira vez	për herë të parë	[pər hérə tə párə]
muito antes de ...	shumë përpara ...	[ʃúmə pərpára ...]
de novo, novamente	sërish	[səríʃ]
para sempre	një herë e mirë	[nə hérə ɛ mírə]
nunca	kurrë	[kúrə]
de novo	përsëri	[pərsərí]
agora	tani	[táni]
frequentemente	shpesh	[ʃpɛʃ]
então	atëherë	[atəhérə]
urgentemente	urgjent	[urɟént]
usualmente	zakonisht	[zakoníʃt]

a propósito, ...	meqë ra fjala, ...	[mécə ra fjála, ...]
é possível	ndoshta	[ndóʃta]
provavelmente	mundësisht	[mundəsíʃt]
talvez	mbase	[mbásɛ]
além disso, ...	përveç	[pərvétʃ]
por isso ...	ja përse ...	[ja pərsé ...]
apesar de ...	pavarësisht se ...	[pavarəsíʃt sɛ ...]
graças a ...	falë ...	[fálə ...]
que (pron.)	çfarë	[tʃfárə]
que (conj.)	që	[cə]
algo	diçka	[ditʃká]
alguma coisa	ndonji gjë	[ndoɲí ɟə]
nada	asgjë	[asɟé]
quem	kush	[kuʃ]
alguém (~ teve uma ideia ...)	dikush	[dikúʃ]
alguém	dikush	[dikúʃ]
ninguém	askush	[askúʃ]
para lugar nenhum	askund	[askúnd]
de ninguém	i askujt	[i askújt]
de alguém	i dikujt	[i dikújt]
tão	aq	[ác]
também (gostaria ~ de ...)	gjithashtu	[ɟiθaʃtú]
também (~ eu)	gjithashtu	[ɟiθaʃtú]

18. Palavras funcionais. Advérbios. Parte 2

Porquê?	Pse?	[psɛ?]
por alguma razão	për një arsye	[pər ɲə arsýɛ]
porque ...	sepse ...	[sɛpsé ...]
por qualquer razão	për ndonjë shkak	[pər ndóɲə ʃkak]
e (tu ~ eu)	dhe	[ðɛ]
ou (ser ~ não ser)	ose	[ósɛ]
mas (porém)	por	[por]
para (~ a minha mãe)	për	[pər]
demasiado, muito	tepër	[tépər]
só, somente	vetëm	[vétəm]
exatamente	pikërisht	[pikəríʃt]
cerca de (~ 10 kg)	rreth	[rɛθ]
aproximadamente	përafërsisht	[pərafərsíʃt]
aproximado	përafërt	[pəráfərt]
quase	pothuajse	[poθúajsɛ]
resto (m)	mbetje (f)	[mbétjɛ]
o outro (segundo)	tjetri	[tjétri]
outro	tjetër	[tjétər]
cada	çdo	[tʃdo]
qualquer	çfarëdo	[tʃfarədó]

muitos, muitas	disa	[disá]
muito	shumë	[ʃúmə]
muitas pessoas	shumë njerëz	[ʃúmə ɲérəz]
todos	të gjithë	[tə ɟíθə]
em troca de ...	në vend të ...	[nə vénd tə ...]
em troca	në shkëmbim të ...	[nə ʃkəmbím tə ...]
à mão	me dorë	[mɛ dórə]
pouco provável	vështirë se ...	[vəʃtírə sɛ ...]
provavelmente	mundësisht	[mundəsíʃt]
de propósito	me qëllim	[mɛ cəɫím]
por acidente	aksidentalisht	[aksidɛntalíʃt]
muito	shumë	[ʃúmə]
por exemplo	për shembull	[pər ʃémbuɫ]
entre	midis	[midís]
entre (no meio de)	rreth	[rɛθ]
tanto	kaq shumë	[kác ʃúmə]
especialmente	veçanërisht	[vɛtʃanəríʃt]

Conceitos básicos. Parte 2

19. Dias da semana

segunda-feira (f)	E hënë (f)	[ɛ hénə]
terça-feira (f)	E martë (f)	[ɛ mártə]
quarta-feira (f)	E mërkurë (f)	[ɛ mərkúrə]
quinta-feira (f)	E enjte (f)	[ɛ éɲtɛ]
sexta-feira (f)	E premte (f)	[ɛ prémtɛ]
sábado (m)	E shtunë (f)	[ɛ ʃtúnə]
domingo (m)	E dielë (f)	[ɛ díɛlə]

hoje	sot	[sot]
amanhã	nesër	[nésər]
depois de amanhã	pasnesër	[pasnésər]
ontem	dje	[djé]
anteontem	pardje	[pardjé]

dia (m)	ditë (f)	[dítə]
dia (m) de trabalho	ditë pune (f)	[dítə púnɛ]
feriado (m)	festë kombëtare (f)	[féstə kombətárɛ]
dia (m) de folga	ditë pushim (m)	[dítə puʃím]
fim (m) de semana	fundjavë (f)	[fundjávə]

o dia todo	gjithë ditën	[ɟíθə dítən]
no dia seguinte	ditën pasardhëse	[dítən pasárðəsɛ]
há dois dias	dy ditë më parë	[dy dítə mə párə]
na véspera	një ditë më parë	[ɲə dítə mə párə]
diário	ditor	[ditór]
todos os dias	çdo ditë	[tʃdo dítə]

semana (f)	javë (f)	[jávə]
na semana passada	javën e kaluar	[jávən ɛ kalúar]
na próxima semana	javën e ardhshme	[jávən ɛ árðʃmɛ]
semanal	javor	[javór]
cada semana	çdo javë	[tʃdo jávə]
duas vezes por semana	dy herë në javë	[dy hérə nə jávə]
cada terça-feira	çdo të martë	[tʃdo tə mártə]

20. Horas. Dia e noite

manhã (f)	mëngjes (m)	[mənɟés]
de manhã	në mëngjes	[nə mənɟés]
meio-dia (m)	mesditë (f)	[mɛsdítə]
à tarde	pasdite	[pasdítɛ]

noite (f)	mbrëmje (f)	[mbrémjɛ]
à noite (noitinha)	në mbrëmje	[nə mbrémjɛ]

noite (f)	natë (f)	[nátə]
à noite	natën	[nátən]
meia-noite (f)	mesnatë (f)	[mɛsnátə]

segundo (m)	sekondë (f)	[sɛkóndə]
minuto (m)	minutë (f)	[minútə]
hora (f)	orë (f)	[órə]
meia hora (f)	gjysmë ore (f)	[ɟýsmə órɛ]
quarto (m) de hora	çerek ore (m)	[tʃɛrék órɛ]
quinze minutos	pesëmbëdhjetë minuta	[pɛsəmbəðjétə minúta]
vinte e quatro horas	24 orë	[ɲəzét ɛ kátər órə]

nascer (m) do sol	agim (m)	[agím]
amanhecer (m)	agim (m)	[agím]
madrugada (f)	mëngjes herët (m)	[mənɟés hérət]
pôr do sol (m)	perëndim dielli (m)	[pɛrəndím diéɬi]

de madrugada	herët në mëngjes	[hérət nə mənɟés]
hoje de manhã	sot në mëngjes	[sot nə mənɟés]
amanhã de manhã	nesër në mëngjes	[nésər nə mənɟés]

hoje à tarde	sot pasdite	[sot pasdítɛ]
à tarde	pasdite	[pasdítɛ]
amanhã à tarde	nesër pasdite	[nésər pasdítɛ]

hoje à noite	sonte në mbrëmje	[sóntɛ nə mbrəmjɛ]
amanhã à noite	nesër në mbrëmje	[nésər nə mbrémjɛ]

às três horas em ponto	në orën 3 fiks	[nə órən trɛ fiks]
por volta das quatro	rreth orës 4	[rɛθ órəs kátər]
às doze	deri në orën 12	[déri nə órən dymbəðjétə]

dentro de vinte minutos	për 20 minuta	[pər ɲəzét minúta]
dentro duma hora	për një orë	[pər ɲə órə]
a tempo	në orar	[nə orár]

menos um quarto	çerek ...	[tʃɛrék ...]
durante uma hora	brenda një ore	[brénda ɲə órɛ]
a cada quinze minutos	çdo 15 minuta	[tʃdo pɛsəmbəðjétə minúta]
as vinte e quatro horas	gjithë ditën	[ɟíθə dítən]

21. Meses. Estações

janeiro (m)	**Janar** (m)	[janár]
fevereiro (m)	**Shkurt** (m)	[ʃkurt]
março (m)	**Mars** (m)	[mars]
abril (m)	**Prill** (m)	[priɬ]
maio (m)	**Maj** (m)	[maj]
junho (m)	**Qershor** (m)	[cɛrʃór]

julho (m)	**Korrik** (m)	[korík]
agosto (m)	**Gusht** (m)	[guʃt]
setembro (m)	**Shtator** (m)	[ʃtatór]
outubro (m)	**Tetor** (m)	[tɛtór]

novembro (m)	**Nëntor** (m)	[nəntór]
dezembro (m)	**Dhjetor** (m)	[ðjɛtór]

primavera (f)	**pranverë** (f)	[pranvérə]
na primavera	**në pranverë**	[nə pranvérə]
primaveril	**pranveror**	[pranvɛrór]

verão (m)	**verë** (f)	[vérə]
no verão	**në verë**	[nə vérə]
de verão	**veror**	[vɛrór]

outono (m)	**vjeshtë** (f)	[vjéʃtə]
no outono	**në vjeshtë**	[nə vjéʃtə]
outonal	**vjeshtor**	[vjéʃtor]

inverno (m)	**dimër** (m)	[dímər]
no inverno	**në dimër**	[nə dímər]
de inverno	**dimëror**	[dimərór]

mês (m)	**muaj** (m)	[múaj]
este mês	**këtë muaj**	[kətə múaj]
no próximo mês	**muajin tjetër**	[múajin tjétər]
no mês passado	**muajin e kaluar**	[múajin ɛ kalúar]

há um mês	**para një muaji**	[pára ɲə múaji]
dentro de um mês	**pas një muaji**	[pas ɲə múaji]
dentro de dois meses	**pas dy muajsh**	[pas dy múajʃ]
todo o mês	**gjithë muajin**	[ɟíθə múajin]
um mês inteiro	**gjatë gjithë muajit**	[ɟátə ɟíθə múajit]

mensal	**mujor**	[mujór]
mensalmente	**mujor**	[mujór]
cada mês	**çdo muaj**	[tʃdo múaj]
duas vezes por mês	**dy herë në muaj**	[dy hérə nə múaj]

ano (m)	**vit** (m)	[vit]
este ano	**këtë vit**	[kətə vít]
no próximo ano	**vitin tjetër**	[vítin tjétər]
no ano passado	**vitin e kaluar**	[vítin ɛ kalúar]

há um ano	**para një viti**	[pára ɲə víti]
dentro dum ano	**për një vit**	[pər ɲə vit]
dentro de 2 anos	**për dy vite**	[pər dy vítɛ]
todo o ano	**gjithë vitin**	[ɟíθə vítin]
um ano inteiro	**gjatë gjithë vitit**	[ɟátə ɟíθə vítit]

cada ano	**çdo vit**	[tʃdo vít]
anual	**vjetor**	[vjɛtór]
anualmente	**çdo vit**	[tʃdo vít]
quatro vezes por ano	**4 herë në vit**	[kátər hérə nə vit]

data (~ de hoje)	**datë** (f)	[dátə]
data (ex. ~ de nascimento)	**data** (f)	[dáta]
calendário (m)	**kalendar** (m)	[kalɛndár]
meio ano	**gjysmë viti**	[ɟýsmə víti]
seis meses	**gjashtë muaj**	[ɟáʃtə múaj]

| estação (f) | stinë (f) | [stínə] |
| século (m) | shekull (m) | [ʃékuɫ] |

22. Unidades de medida

peso (m)	peshë (f)	[péʃə]
comprimento (m)	gjatësi (f)	[ɟatəsí]
largura (f)	gjerësi (f)	[ɟɛrəsí]
altura (f)	lartësi (f)	[lartəsí]
profundidade (f)	thellësi (f)	[θɛɫəsí]
volume (m)	vëllim (m)	[vətím]
área (f)	sipërfaqe (f)	[sipərfácɛ]

grama (m)	gram (m)	[gram]
miligrama (m)	miligram (m)	[miligrám]
quilograma (m)	kilogram (m)	[kilográm]
tonelada (f)	ton (m)	[ton]
libra (453,6 gramas)	paund (m)	[páund]
onça (f)	ons (m)	[ons]

metro (m)	metër (m)	[métər]
milímetro (m)	milimetër (m)	[milimétər]
centímetro (m)	centimetër (m)	[tsɛntimétər]
quilómetro (m)	kilometër (m)	[kilométər]
milha (f)	milje (f)	[míljɛ]

polegada (f)	inç (m)	[intʃ]
pé (304,74 mm)	këmbë (f)	[kémbə]
jarda (914,383 mm)	jard (m)	[járd]

| metro (m) quadrado | metër katror (m) | [métər katrór] |
| hectare (m) | hektar (m) | [hɛktár] |

litro (m)	litër (m)	[lítər]
grau (m)	gradë (f)	[grádə]
volt (m)	volt (m)	[volt]
ampere (m)	amper (m)	[ampér]
cavalo-vapor (m)	kuaj-fuqi (f)	[kúaj-fucí]

quantidade (f)	sasi (f)	[sasí]
um pouco de ...	pak ...	[pak ...]
metade (f)	gjysmë (f)	[ɟýsmə]

| dúzia (f) | dyzinë (f) | [dyzínə] |
| peça (f) | copë (f) | [tsópə] |

| dimensão (f) | madhësi (f) | [maðəsí] |
| escala (f) | shkallë (f) | [ʃkáɫə] |

mínimo	minimale	[minimálɛ]
menor, mais pequeno	më i vogli	[mə i vógli]
médio	i mesëm	[i mésəm]
máximo	maksimale	[maksimálɛ]
maior, mais grande	më i madhi	[mə i máði]

23. Recipientes

bolão (m) de vidro	kavanoz (m)	[kavanóz]
lata (~ de cerveja)	kanoçe (f)	[kanótʃɛ]
balde (m)	kovë (f)	[kóvə]
barril (m)	fuçi (f)	[futʃí]

bacia (~ de plástico)	legen (m)	[lɛgén]
tanque (m)	tank (m)	[tank]
cantil (m) de bolso	faqore (f)	[facórɛ]
bidão (m) de gasolina	bidon (m)	[bidón]
cisterna (f)	cisternë (f)	[tsistérnə]

caneca (f)	tas (m)	[tas]
chávena (f)	filxhan (m)	[fildʒán]
pires (m)	pjatë filxhani (f)	[pjátə fildʒáni]
copo (m)	gotë (f)	[gótə]
taça (f) de vinho	gotë vere (f)	[gótə vérɛ]
panela, caçarola (f)	tenxhere (f)	[tɛndʒérɛ]

garrafa (f)	shishe (f)	[ʃíʃɛ]
gargalo (m)	grykë	[grýkə]

jarro, garrafa (f)	brokë (f)	[brókə]
jarro (m) de barro	shtambë (f)	[ʃtámbə]
recipiente (m)	enë (f)	[énə]
pote (m)	enë (f)	[énə]
vaso (m)	vazo (f)	[vázo]

frasco (~ de perfume)	shishe (f)	[ʃíʃɛ]
frasquinho (ex. ~ de iodo)	shishkë (f)	[ʃíʃkə]
tubo (~ de pasta dentífrica)	tubet (f)	[tubét]

saca (ex. ~ de açúcar)	thes (m)	[θɛs]
saco (~ de plástico)	qese (f)	[césɛ]
maço (m)	paketë (f)	[pakétə]

caixa (~ de sapatos, etc.)	kuti (f)	[kutí]
caixa (~ de madeira)	arkë (f)	[árkə]
cesta (f)	shportë (f)	[ʃpórtə]

O SER HUMANO

O ser humano. O corpo

24. Cabeça

cabeça (f)	kokë (f)	[kókə]
cara (f)	fytyrë (f)	[fytýrə]
nariz (m)	hundë (f)	[húndə]
boca (f)	gojë (f)	[gójə]
olho (m)	sy (m)	[sy]
olhos (m pl)	sytë	[sýtə]
pupila (f)	bebëz (f)	[bébəz]
sobrancelha (f)	vetull (f)	[vétuɫ]
pestana (f)	qerpik (m)	[cɛrpík]
pálpebra (f)	qepallë (f)	[cɛpáɫə]
língua (f)	gjuhë (f)	[ɟúhə]
dente (m)	dhëmb (m)	[ðəmb]
lábios (m pl)	buzë (f)	[búzə]
maçãs (f pl) do rosto	mollëza (f)	[móɫəza]
gengiva (f)	mishrat e dhëmbëve	[míʃrat ɛ ðəmbəvɛ]
paladar (m)	qiellzë (f)	[ciɛɫzə]
narinas (f pl)	vrimat e hundës (pl)	[vrímat ɛ húndəs]
queixo (m)	mjekër (f)	[mjékər]
mandíbula (f)	nofull (f)	[nófuɫ]
bochecha (f)	faqe (f)	[fácɛ]
testa (f)	ball (m)	[báɫ]
têmpora (f)	tëmth (m)	[təmθ]
orelha (f)	vesh (m)	[vɛʃ]
nuca (f)	zverk (m)	[zvɛrk]
pescoço (m)	qafë (f)	[cáfə]
garganta (f)	fyt (m)	[fyt]
cabelos (m pl)	flokë (pl)	[flókə]
penteado (m)	model flokësh (m)	[modél flókəʃ]
corte (m) de cabelo	prerje flokësh (f)	[prérjɛ flókəʃ]
peruca (f)	paruke (f)	[parúkɛ]
bigode (m)	mustaqe (f)	[mustácɛ]
barba (f)	mjekër (f)	[mjékər]
usar, ter (~ barba, etc.)	lë mjekër	[lə mjékər]
trança (f)	gërshet (m)	[gərʃét]
suíças (f pl)	baseta (f)	[baséta]
ruivo	flokëkuqe	[flokəkúcɛ]
grisalho	thinja	[θíɲa]

calvo	qeros	[cɛrós]
calva (f)	tullë (f)	[túɫə]
rabo-de-cavalo (m)	bishtalec (m)	[biʃtaléts]
franja (f)	balluke (f)	[baɫúkɛ]

25. Corpo humano

mão (f)	dorë (f)	[dórə]
braço (m)	krah (m)	[krah]
dedo (m)	gisht i dorës (m)	[gíʃt i dórəs]
dedo (m) do pé	gisht i këmbës (m)	[gíʃt i kémbəs]
polegar (m)	gishti i madh (m)	[gíʃti i máð]
dedo (m) mindinho	gishti i vogël (m)	[gíʃti i vógəl]
unha (f)	thua (f)	[θúa]
punho (m)	grusht (m)	[grúʃt]
palma (f) da mão	pëllëmbë dore (f)	[pəɫémbə dórɛ]
pulso (m)	kyç (m)	[kytʃ]
antebraço (m)	parakrah (m)	[parakráh]
cotovelo (m)	bërryl (m)	[bərýl]
ombro (m)	shpatull (f)	[ʃpátuɫ]
perna (f)	këmbë (f)	[kémbə]
pé (m)	shputë (f)	[ʃpútə]
joelho (m)	gju (m)	[ɟú]
barriga (f) da perna	pulpë (f)	[púlpə]
anca (f)	ijë (f)	[íjə]
calcanhar (m)	thembër (f)	[θémbər]
corpo (m)	trup (m)	[trup]
barriga (f)	stomak (m)	[stomák]
peito (m)	kraharor (m)	[kraharór]
seio (m)	gjoks (m)	[ɟóks]
lado (m)	krah (m)	[krah]
costas (f pl)	kurriz (m)	[kuríz]
região (f) lombar	fundshpina (f)	[fundʃpína]
cintura (f)	beli (m)	[béli]
umbigo (m)	kërthizë (f)	[kərθízə]
nádegas (f pl)	vithe (f)	[víθɛ]
traseiro (m)	prapanica (f)	[prapanítsa]
sinal (m)	nishan (m)	[niʃán]
sinal (m) de nascença	shenjë lindjeje (f)	[ʃéɲə líndjɛjɛ]
tatuagem (f)	tatuazh (m)	[tatuáʒ]
cicatriz (f)	shenjë (f)	[ʃéɲə]

Vestuário & Acessórios

26. Roupa exterior. Casacos

roupa (f)	rroba (f)	[róba]
roupa (f) exterior	veshje e sipërme (f)	[véʃjɛ ɛ sípərmɛ]
roupa (f) de inverno	veshje dimri (f)	[véʃjɛ dímri]
sobretudo (m)	pallto (f)	[páɫto]
casaco (m) de peles	gëzof (m)	[gəzóf]
casaco curto (m) de peles	xhaketë lëkure (f)	[dʒakétə ləkúrɛ]
casaco (m) acolchoado	xhup (m)	[dʒup]
casaco, blusão (m)	xhaketë (f)	[dʒakétə]
impermeável (m)	pardesy (f)	[pardɛsý]
impermeável	kundër shiut	[kúndər ʃiut]

27. Vestuário de homem & mulher

camisa (f)	këmishë (f)	[kəmíʃə]
calças (f pl)	pantallona (f)	[pantaɫóna]
calças (f pl) de ganga	xhinse (f)	[dʒínsɛ]
casaco (m) de fato	xhaketë kostumi (f)	[dʒakétə kostúmi]
fato (m)	kostum (m)	[kostúm]
vestido (ex. ~ vermelho)	fustan (m)	[fustán]
saia (f)	fund (m)	[fund]
blusa (f)	bluzë (f)	[blúzə]
casaco (m) de malha	xhaketë me thurje (f)	[dʒakétə mɛ θúrjɛ]
casaco, blazer (m)	xhaketë femrash (f)	[dʒakétə fémraʃ]
T-shirt, camiseta (f)	bluzë (f)	[blúzə]
calções (Bermudas, etc.)	pantallona të shkurtra (f)	[pantaɫóna tə ʃkúrtra]
fato (m) de treino	tuta sportive (f)	[túta sportívɛ]
roupão (m) de banho	peshqir trupi (m)	[pɛʃcír trúpi]
pijama (m)	pizhame (f)	[piʒámɛ]
suéter (m)	triko (f)	[tríko]
pulôver (m)	pulovër (m)	[pulóvər]
colete (m)	jelek (m)	[jɛlék]
fraque (m)	frak (m)	[frak]
smoking (m)	smoking (m)	[smokíŋ]
uniforme (m)	uniformë (f)	[unifórmə]
roupa (f) de trabalho	rroba pune (f)	[róba púnɛ]
fato-macaco (m)	kominoshe (f)	[kominóʃɛ]
bata (~ branca, etc.)	uniformë (f)	[unifórmə]

28. Vestuário. Roupa interior

roupa (f) interior	të brendshme (f)	[tə bréndʃmɛ]
cuecas boxer (f pl)	boksera (f)	[bokséra]
cuecas (f pl)	brekë (f)	[brékə]
camisola (f) interior	fanellë (f)	[fanétə]
peúgas (f pl)	çorape (pl)	[tʃorápɛ]
camisa (f) de noite	këmishë nate (f)	[kəmíʃə nátɛ]
sutiã (m)	sytjena (f)	[sytjéna]
meias longas (f pl)	çorape déri tek gjuri (pl)	[tʃorápɛ déri ték ɉúri]
meias-calças (f pl)	geta (f)	[géta]
meias (f pl)	çorape të holla (pl)	[tʃorápɛ tə hóɫa]
fato (m) de banho	rrobë banje (f)	[róbə báɲɛ]

29. Adereços de cabeça

chapéu (m)	kapelë (f)	[kapélə]
chapéu (m) de feltro	kapelë republike (f)	[kapélə rɛpublíkɛ]
boné (m) de beisebol	kapelë bejsbolli (f)	[kapélə bɛjsbóɫi]
boné (m)	kapelë e sheshtë (f)	[kapélə ɛ ʃéʃtə]
boina (f)	beretë (f)	[bɛrétə]
capuz (m)	kapuç (m)	[kapútʃ]
panamá (m)	kapelë panama (f)	[kapélə panamá]
gorro (m) de malha	kapuç leshi (m)	[kapútʃ léʃi]
lenço (m)	shami (f)	[ʃamí]
chapéu (m) de mulher	kapelë femrash (f)	[kapélə fémraʃ]
capacete (m) de proteção	helmetë (f)	[hɛlmétə]
bivaque (m)	kapelë ushtrie (f)	[kapélə uʃtríɛ]
capacete (m)	helmetë (f)	[hɛlmétə]
chapéu-coco (m)	kapelë derby (f)	[kapélə dérby]
chapéu (m) alto	kapelë cilindër (f)	[kapélə tsilíndər]

30. Calçado

calçado (m)	këpucë (pl)	[kəpútsə]
botinas (f pl)	këpucë burrash (pl)	[kəpútsə búraʃ]
sapatos (de salto alto, etc.)	këpucë grash (pl)	[kəpútsə gráʃ]
botas (f pl)	çizme (pl)	[tʃízmɛ]
pantufas (f pl)	pantofla (pl)	[pantófla]
ténis (m pl)	atlete tenisi (pl)	[atlétɛ tɛnísi]
sapatilhas (f pl)	atlete (pl)	[atlétɛ]
sandálias (f pl)	sandale (pl)	[sandálɛ]
sapateiro (m)	këpucëtar (m)	[kəputsətár]
salto (m)	takë (f)	[tákə]

par (m)	palë (f)	[pálə]
atacador (m)	lidhëse këpucësh (f)	[líðəsɛ kəpútsəʃ]
apertar os atacadores	lidh këpucët	[lið kəpútsət]
calçadeira (f)	lugë këpucësh (f)	[lúgə kəpútsəʃ]
graxa (f) para calçado	bojë këpucësh (f)	[bójə kəpútsəʃ]

31. Acessórios pessoais

luvas (f pl)	dorëza (pl)	[dórəza]
mitenes (f pl)	doreza (f)	[doréza]
cachecol (m)	shall (m)	[ʃaɫ]

óculos (m pl)	syze (f)	[sýzɛ]
armação (f) de óculos	skelet syzesh (m)	[skɛlét sýzɛʃ]
guarda-chuva (m)	çadër (f)	[tʃádər]
bengala (f)	bastun (m)	[bastún]
escova (f) para o cabelo	furçë flokësh (f)	[fúrtʃə flókəʃ]
leque (m)	erashkë (f)	[ɛráʃkə]

gravata (f)	kravatë (f)	[kravátə]
gravata-borboleta (f)	papion (m)	[papión]
suspensórios (m pl)	aski (pl)	[askí]
lenço (m)	shami (f)	[ʃamí]

pente (m)	krehër (m)	[kréhər]
travessão (m)	kapëse flokësh (f)	[kápəsɛ flókəʃ]
gancho (m) de cabelo	karficë (f)	[karfítsə]
fivela (f)	tokëz (f)	[tókəz]

cinto (m)	rrip (m)	[rip]
correia (f)	rrip supi (m)	[rip súpi]

mala (f)	çantë dore (f)	[tʃántə dórɛ]
mala (f) de senhora	çantë (f)	[tʃántə]
mochila (f)	çantë shpine (f)	[tʃántə ʃpínɛ]

32. Vestuário. Diversos

moda (f)	modë (f)	[módə]
na moda	në modë	[nə módə]
estilista (m)	stilist (m)	[stilíst]

colarinho (m), gola (f)	jakë (f)	[jákə]
bolso (m)	xhep (m)	[dʒɛp]
de bolso	i xhepit	[i dʒépit]
manga (f)	mëngë (f)	[méŋə]
presilha (f)	hallkë për varje (f)	[háɫkə pər várjɛ]
braguilha (f)	zinxhir (m)	[zindʒír]

fecho (m) de correr	zinxhir (m)	[zindʒír]
fecho (m), colchete (m)	kapëse (f)	[kápəsɛ]
botão (m)	kopsë (f)	[kópsə]

casa (f) de botão	vrimë kopse (f)	[vrímə kópsɛ]
saltar (vi) (botão, etc.)	këputet	[kəpútɛt]
coser, costurar (vi)	qep	[cɛp]
bordar (vt)	qëndis	[cəndís]
bordado (m)	qëndisje (f)	[cəndísjɛ]
agulha (f)	gjilpërë për qepje (f)	[ɟilpérə pər cépjɛ]
fio (m)	pe (m)	[pɛ]
costura (f)	tegel (m)	[tɛgél]
sujar-se (vr)	bëhem pis	[béhɛm pis]
mancha (f)	njollë (f)	[ɲółə]
engelhar-se (vr)	zhubros	[ʒubrós]
rasgar (vt)	gris	[gris]
traça (f)	molë rrobash (f)	[mólə róbaʃ]

33. Cuidados pessoais. Cosméticos

pasta (f) de dentes	pastë dhëmbësh (f)	[pástə ðémbəʃ]
escova (f) de dentes	furçë dhëmbësh (f)	[fúrtʃə ðémbəʃ]
escovar os dentes	laj dhëmbët	[laj ðémbət]
máquina (f) de barbear	brisk (m)	[brísk]
creme (m) de barbear	pastë rroje (f)	[pástə rójɛ]
barbear-se (vr)	rruhem	[rúhɛm]
sabonete (m)	sapun (m)	[sapún]
champô (m)	shampo (f)	[ʃampó]
tesoura (f)	gërshërë (f)	[gərʃérə]
lima (f) de unhas	limë thonjsh (f)	[límə θóɲʃ]
corta-unhas (m)	prerëse thonjsh (f)	[prérəsɛ θóɲʃ]
pinça (f)	piskatore vetullash (f)	[piskatórɛ vétuɫaʃ]
cosméticos (m pl)	kozmetikë (f)	[kozmɛtíkə]
máscara (f) facial	maskë fytyre (f)	[máskə fytýrɛ]
manicura (f)	manikyr (m)	[manikýr]
fazer a manicura	bëj manikyr	[bəj manikýr]
pedicure (f)	pedikyr (m)	[pɛdikýr]
mala (f) de maquilhagem	çantë kozmetike (f)	[tʃántə kozmɛtíkɛ]
pó (m)	pudër fytyre (f)	[púdər fytýrɛ]
caixa (f) de pó	pudër kompakte (f)	[púdər kompáktɛ]
blush (m)	ruzh (m)	[ruʒ]
perfume (m)	parfum (m)	[parfúm]
água (f) de toilette	parfum (m)	[parfúm]
loção (f)	krem (m)	[krɛm]
água-de-colónia (f)	kolonjë (f)	[kolóɲə]
sombra (f) de olhos	rimel (m)	[rimél]
lápis (m) delineador	laps për sy (m)	[láps pər sy]
máscara (f), rímel (m)	rimel (m)	[rimél]
batom (m)	buzëkuq (m)	[buzəkúc]

verniz (m) de unhas	llak për thonj (m)	[ɫak pər θóɲ]
laca (f) para cabelos	llak flokësh (m)	[ɫak flókəʃ]
desodorizante (m)	deodorant (m)	[dɛodoránt]

creme (m)	krem (m)	[krɛm]
creme (m) de rosto	krem për fytyrë (m)	[krɛm pər fytýrə]
creme (m) de mãos	krem për duar (m)	[krɛm pər dúar]
creme (m) antirrugas	krem kundër rrudhave (m)	[krɛm kúndər rúðavɛ]
creme (m) de dia	krem dite (m)	[krɛm dítɛ]
creme (m) de noite	krem nate (m)	[krɛm nátɛ]
de dia	dite	[dítɛ]
da noite	nate	[nátɛ]

tampão (m)	tampon (m)	[tampón]
papel (m) higiénico	letër higjienike (f)	[létər hiɟiɛníkɛ]
secador (m) elétrico	tharëse flokësh (f)	[θárəsɛ flókəʃ]

34. Relógios de pulso. Relógios

relógio (m) de pulso	orë dore (f)	[órə dórɛ]
mostrador (m)	faqe e orës (f)	[fácɛ ɛ órəs]
ponteiro (m)	akrep (m)	[akrép]
bracelete (f) em aço	rrip metalik ore (m)	[rip mɛtalík órɛ]
bracelete (f) em pele	rrip ore (m)	[rip órɛ]

pilha (f)	bateri (f)	[batɛrí]
descarregar-se	e shkarkuar	[ɛ ʃkarkúar]
trocar a pilha	ndërroj baterinë	[ndərój batɛrínə]
estar adiantado	kalon shpejt	[kalón ʃpéjt]
estar atrasado	ngel prapa	[ŋɛl prápa]

relógio (m) de parede	orë muri (f)	[órə múri]
ampulheta (f)	orë rëre (f)	[órə rərɛ]
relógio (m) de sol	orë diellore (f)	[órə diɛɫórɛ]
despertador (m)	orë me zile (f)	[órə mɛ zílɛ]
relojoeiro (m)	orëndreqës (m)	[orəndrécəs]
reparar (vt)	ndreq	[ndréc]

Alimantação. Nutrição

35. Comida

carne (f)	mish (m)	[miʃ]
galinha (f)	pulë (f)	[púlə]
frango (m)	mish pule (m)	[miʃ púlɛ]
pato (m)	rosë (f)	[rósə]
ganso (m)	patë (f)	[pátə]
caça (f)	gjah (m)	[ɟáh]
peru (m)	mish gjel deti (m)	[miʃ ɟɛl déti]
carne (f) de porco	mish derri (m)	[miʃ déri]
carne (f) de vitela	mish viçi (m)	[miʃ vítʃi]
carne (f) de carneiro	mish qengji (m)	[miʃ cénɟi]
carne (f) de vaca	mish lope (m)	[miʃ lópɛ]
carne (f) de coelho	mish lepuri (m)	[miʃ lépuri]
chouriço, salsichão (m)	salsiçe (f)	[salsítʃɛ]
salsicha (f)	salsiçe vjeneze (f)	[salsítʃɛ vjɛnézɛ]
bacon (m)	proshutë (f)	[proʃútə]
fiambre (f)	sallam (m)	[saɫám]
presunto (m)	kofshë derri (f)	[kófʃə déri]
patê (m)	pate (f)	[paté]
fígado (m)	mëlçi (f)	[məltʃí]
carne (f) moída	hamburger (m)	[hamburgér]
língua (f)	gjuhë (f)	[ɟúhə]
ovo (m)	ve (f)	[vɛ]
ovos (m pl)	vezë (pl)	[vézə]
clara (f) do ovo	e bardhë veze (f)	[ɛ bárðə vézɛ]
gema (f) do ovo	e verdhë veze (f)	[ɛ vérðə vézɛ]
peixe (m)	peshk (m)	[pɛʃk]
marisco (m)	fruta deti (pl)	[frúta déti]
crustáceos (m pl)	krustace (pl)	[krustátsɛ]
caviar (m)	havjar (m)	[havjár]
caranguejo (m)	gaforre (f)	[gafórɛ]
camarão (m)	karkalec (m)	[karkaléts]
ostra (f)	midhje (f)	[míðjɛ]
lagosta (f)	karavidhe (f)	[karavíðɛ]
polvo (m)	oktapod (m)	[oktapód]
lula (f)	kallamarë (f)	[kaɫamárə]
esturjão (m)	bli (m)	[blí]
salmão (m)	salmon (m)	[salmón]
halibute (m)	shojzë e Atlantikut Verior (f)	[ʃójzə ɛ atlantíkut vɛriór]
bacalhau (m)	merluc (m)	[mɛrlúts]

cavala, sarda (f)	skumbri (m)	[skúmbri]
atum (m)	tunë (f)	[túnə]
enguia (f)	ngjalë (f)	[ɲjálə]
truta (f)	troftë (f)	[tróftə]
sardinha (f)	sardele (f)	[sardélɛ]
lúcio (m)	mlysh (m)	[mlýʃ]
arenque (m)	harengë (f)	[haréŋə]
pão (m)	bukë (f)	[búkə]
queijo (m)	djath (m)	[djáθ]
açúcar (m)	sheqer (m)	[ʃɛcér]
sal (m)	kripë (f)	[krípə]
arroz (m)	oriz (m)	[oríz]
massas (f pl)	makarona (f)	[makaróna]
talharim (m)	makarona petë (f)	[makaróna pétə]
manteiga (f)	gjalp (m)	[ɟalp]
óleo (m) vegetal	vaj vegjetal (m)	[vaj vɛɟɛtál]
óleo (m) de girassol	vaj luledielli (m)	[vaj lulɛdiéɬi]
margarina (f)	margarinë (f)	[margarínə]
azeitonas (f pl)	ullinj (pl)	[uɬíɲ]
azeite (m)	vaj ulliri (m)	[vaj uɬíri]
leite (m)	qumësht (m)	[cúməʃt]
leite (m) condensado	qumësht i kondensuar (m)	[cúməʃt i kondɛnsúar]
iogurte (m)	kos (m)	[kos]
nata (f)	salcë kosi (f)	[sáltsə kosi]
nata (f) do leite	krem qumështi (m)	[krɛm cúməʃti]
maionese (f)	majonezë (f)	[majonézə]
creme (m)	krem gjalpi (m)	[krɛm ɟálpi]
grãos (m pl) de cereais	drithëra (pl)	[dríθəra]
farinha (f)	miell (m)	[míɛɬ]
enlatados (m pl)	konserva (f)	[konsérva]
flocos (m pl) de milho	kornfleiks (m)	[kornfléiks]
mel (m)	mjaltë (f)	[mjáltə]
doce (m)	reçel (m)	[rɛtʃél]
pastilha (f) elástica	çamçakëz (m)	[tʃamtʃakéz]

36. Bebidas

água (f)	ujë (m)	[újə]
água (f) potável	ujë i pijshëm (m)	[újə i píjʃəm]
água (f) mineral	ujë mineral (m)	[újə minɛrál]
sem gás	ujë natyral	[újə natyrál]
gaseificada	ujë i karbonuar	[újə i karbonúar]
com gás	ujë i gazuar	[újə i gazúar]
gelo (m)	akull (m)	[ákuɬ]

com gelo	me akull	[mɛ ákuɫ]
sem álcool	jo alkoolik	[jo alkoolík]
bebida (f) sem álcool	pije e lehtë (f)	[píjɛ ɛ léhtə]
refresco (m)	pije freskuese (f)	[píjɛ frɛskúɛsɛ]
limonada (f)	limonadë (f)	[limonádə]

bebidas (f pl) alcoólicas	likere (pl)	[likérɛ]
vinho (m)	verë (f)	[vérə]
vinho (m) branco	verë e bardhë (f)	[vérə ɛ bárðə]
vinho (m) tinto	verë e kuqe (f)	[vérə ɛ kúcɛ]

licor (m)	liker (m)	[likér]
champanhe (m)	shampanjë (f)	[ʃampáɲə]
vermute (m)	vermut (m)	[vɛrmút]

uísque (m)	uiski (m)	[víski]
vodka (f)	vodkë (f)	[vódkə]
gim (m)	xhin (m)	[dʒin]
conhaque (m)	konjak (m)	[koɲák]
rum (m)	rum (m)	[rum]

café (m)	kafe (f)	[káfɛ]
café (m) puro	kafe e zezë (f)	[káfɛ ɛ zézə]
café (m) com leite	kafe me qumësht (m)	[káfɛ mɛ cúməʃt]
cappuccino (m)	kapuçino (m)	[kaputʃíno]
café (m) solúvel	neskafe (f)	[nɛskáfɛ]

leite (m)	qumësht (m)	[cúməʃt]
coquetel (m)	koktej (m)	[koktéj]
batido (m) de leite	milkshake (f)	[milkʃákɛ]

sumo (m)	lëng frutash (m)	[ləŋ frútaʃ]
sumo (m) de tomate	lëng domatesh (m)	[ləŋ domátɛʃ]
sumo (m) de laranja	lëng portokalli (m)	[ləŋ portokáɫi]
sumo (m) fresco	lëng frutash i freskët (m)	[ləŋ frútaʃ i fréskət]

cerveja (f)	birrë (f)	[bírə]
cerveja (f) clara	birrë e lehtë (f)	[bírə ɛ léhtə]
cerveja (f) preta	birrë e zezë (f)	[bírə ɛ zézə]

chá (m)	çaj (m)	[tʃáj]
chá (m) preto	çaj i zi (m)	[tʃáj i zí]
chá (m) verde	çaj jeshil (m)	[tʃáj jɛʃíl]

37. Vegetais

legumes (m pl)	perime (pl)	[pɛrímɛ]
verduras (f pl)	zarzavate (pl)	[zarzaváte]

tomate (m)	domate (f)	[domátɛ]
pepino (m)	kastravec (m)	[kastravéts]
cenoura (f)	karotë (f)	[karótə]
batata (f)	patate (f)	[patátɛ]
cebola (f)	qepë (f)	[cépə]

alho (m)	hudhër (f)	[húðər]
couve (f)	lakër (f)	[lákər]
couve-flor (f)	lulelakër (f)	[lulɛlákər]
couve-de-bruxelas (f)	lakër Brukseli (f)	[lákər brukséli]
brócolos (m pl)	brokoli (m)	[brókoli]
beterraba (f)	panxhar (m)	[pandʒár]
beringela (f)	patëllxhan (m)	[patəɫdʒán]
curgete (f)	kungulleshë (m)	[kuŋuɫéʃə]
abóbora (f)	kungull (m)	[kúŋuɫ]
nabo (m)	rrepë (f)	[répə]
salsa (f)	majdanoz (m)	[majdanóz]
funcho, endro (m)	kopër (f)	[kópər]
alface (f)	sallatë jeshile (f)	[saɫátə jɛʃílɛ]
aipo (m)	selino (f)	[sɛlíno]
espargo (m)	asparagus (m)	[asparágus]
espinafre (m)	spinaq (m)	[spinác]
ervilha (f)	bizele (f)	[bizélɛ]
fava (f)	fasule (f)	[fasúlɛ]
milho (m)	misër (m)	[mísər]
feijão (m)	groshë (f)	[gróʃə]
pimentão (m)	spec (m)	[spɛts]
rabanete (m)	rrepkë (f)	[répkə]
alcachofra (f)	angjinare (f)	[anɟinárɛ]

38. Frutos. Nozes

fruta (f)	frut (m)	[frut]
maçã (f)	mollë (f)	[móɫə]
pera (f)	dardhë (f)	[dárðə]
limão (m)	limon (m)	[limón]
laranja (f)	portokall (m)	[portokáɫ]
morango (m)	luleshtrydhe (f)	[lulɛʃtrýðɛ]
tangerina (f)	mandarinë (f)	[mandarínə]
ameixa (f)	kumbull (f)	[kúmbuɫ]
pêssego (m)	pjeshkë (f)	[pjéʃkə]
damasco (m)	kajsi (f)	[kajsí]
framboesa (f)	mjedër (f)	[mjédər]
ananás (m)	ananas (m)	[ananás]
banana (f)	banane (f)	[banánɛ]
melancia (f)	shalqi (m)	[ʃalcí]
uva (f)	rrush (m)	[ruʃ]
ginja (f)	qershi vishnje (f)	[cɛrʃí víʃnɛ]
cereja (f)	qershi (f)	[cɛrʃí]
meloa (f)	pjepër (m)	[pjépər]
toranja (f)	grejpfrut (m)	[grɛjpfrút]
abacate (m)	avokado (f)	[avokádo]
papaia (f)	papaja (f)	[papája]

manga (f)	mango (f)	[máŋo]
romã (f)	shegë (f)	[ʃégə]

groselha (f) vermelha	kaliboba e kuqe (f)	[kalibóba ɛ kúcɛ]
groselha (f) preta	kaliboba e zezë (f)	[kalibóba ɛ zézə]
groselha (f) espinhosa	kulumbri (f)	[kulumbrí]
mirtilo (m)	boronicë (f)	[boronítsə]
amora silvestre (f)	manaferra (f)	[manaféra]

uvas (f pl) passas	rrush i thatë (m)	[ruʃ i θátə]
figo (m)	fik (m)	[fik]
tâmara (f)	hurmë (f)	[húrmə]

amendoim (m)	kikirik (m)	[kikirík]
amêndoa (f)	bajame (f)	[bajámɛ]
noz (f)	arrë (f)	[árə]
avelã (f)	lajthi (f)	[lajθí]
coco (m)	arrë kokosi (f)	[árə kokósi]
pistáchios (m pl)	fëstëk (m)	[fəsték]

39. Pão. Bolaria

pastelaria (f)	ëmbëlsira (pl)	[əmbəlsíra]
pão (m)	bukë (f)	[búkə]
bolacha (f)	biskota (pl)	[biskóta]

chocolate (m)	çokollatë (f)	[tʃokołátə]
de chocolate	prej çokollate	[prɛj tʃokołátɛ]
rebuçado (m)	karamele (f)	[karamélɛ]
bolo (cupcake, etc.)	kek (m)	[kék]
bolo (m) de aniversário	tortë (f)	[tórtə]

tarte (~ de maçã)	tortë (f)	[tórtə]
recheio (m)	mbushje (f)	[mbúʃjɛ]

doce (m)	reçel (m)	[rɛtʃél]
geleia (f) de frutas	marmelatë (f)	[marmɛlátə]
waffle (m)	vafera (pl)	[vaféra]
gelado (m)	akullore (f)	[akułórɛ]
pudim (m)	puding (m)	[pudíŋ]

40. Pratos cozinhados

prato (m)	pjatë (f)	[pjátə]
cozinha (~ portuguesa)	kuzhinë (f)	[kuʒínə]
receita (f)	recetë (f)	[rɛtsétə]
porção (f)	racion (m)	[ratsión]

salada (f)	sallatë (f)	[sałátə]
sopa (f)	supë (f)	[súpə]
caldo (m)	lëng mishi (m)	[ləŋ míʃi]
sandes (f)	sandviç (m)	[sandvítʃ]

ovos (m pl) estrelados	vezë të skuqura (pl)	[vézə tə skúcura]
hambúrguer (m)	hamburger	[hamburgér]
bife (m)	biftek (m)	[bifték]
conduto (m)	garniturë (f)	[garnitúrə]
espaguete (m)	shpageti (pl)	[ʃpagéti]
puré (m) de batata	pure patatesh (f)	[puré patátɛʃ]
pizza (f)	pica (f)	[pítsa]
papa (f)	qull (m)	[cuɫ]
omelete (f)	omëletë (f)	[oməlétə]
cozido em água	i zier	[i zíɛr]
fumado	i tymosur	[i tymósur]
frito	i skuqur	[i skúcur]
seco	i tharë	[i θárə]
congelado	i ngrirë	[i ŋrírə]
em conserva	i marinuar	[i marinúar]
doce (açucarado)	i ëmbël	[i émbəl]
salgado	i kripur	[i krípur]
frio	i ftohtë	[i ftóhtə]
quente	i nxehtë	[i ndzéhtə]
amargo	i hidhur	[i híður]
gostoso	i shijshëm	[i ʃíjʃəm]
cozinhar (em água a ferver)	ziej	[zíɛj]
fazer, preparar (vt)	gatuaj	[gatúaj]
fritar (vt)	skuq	[skuc]
aquecer (vt)	ngroh	[ŋróh]
salgar (vt)	hedh kripë	[hɛð krípə]
apimentar (vt)	hedh piper	[hɛð pipér]
ralar (vt)	rendoj	[rɛndój]
casca (f)	lëkurë (f)	[ləkúrə]
descascar (vt)	qëroj	[cərój]

41. Especiarias

sal (m)	kripë (f)	[krípə]
salgado	i kripur	[i krípur]
salgar (vt)	hedh kripë	[hɛð krípə]
pimenta (f) preta	piper i zi (m)	[pipér i zi]
pimenta (f) vermelha	piper i kuq (m)	[pipér i kuc]
mostarda (f)	mustardë (f)	[mustárdə]
raiz-forte (f)	rrepë djegëse (f)	[répə djégəsɛ]
condimento (m)	salcë (f)	[sáltsə]
especiaria (f)	erëz (f)	[érəz]
molho (m)	salcë (f)	[sáltsə]
vinagre (m)	uthull (f)	[úθuɫ]
anis (m)	anisetë (f)	[anisétə]
manjericão (m)	borzilok (m)	[borzilók]

cravo (m)	karafil (m)	[karafíl]
gengibre (m)	xhenxhefil (m)	[dʒendʒɛfíl]
coentro (m)	koriandër (m)	[koriándər]
canela (f)	kanellë (f)	[kanéɫə]
sésamo (m)	susam (m)	[susám]
folhas (f pl) de louro	gjeth dafine (m)	[ɟɛθ dafínɛ]
páprica (f)	spec (m)	[spɛts]
cominho (m)	kumin (m)	[kumín]
açafrão (m)	shafran (m)	[ʃafrán]

42. Refeições

comida (f)	ushqim (m)	[uʃcím]
comer (vt)	ha	[ha]
pequeno-almoço (m)	mëngjes (m)	[mənɟés]
tomar o pequeno-almoço	ha mëngjes	[ha mənɟés]
almoço (m)	drekë (f)	[drékə]
almoçar (vi)	ha drekë	[ha drékə]
jantar (m)	darkë (f)	[dárkə]
jantar (vi)	ha darkë	[ha dárkə]
apetite (m)	oreks (m)	[oréks]
Bom apetite!	Të bëftë mirë!	[tə bəftə mírə!]
abrir (~ uma lata, etc.)	hap	[hap]
derramar (vt)	derdh	[dérð]
derramar-se (vr)	derdhje	[dérðjɛ]
ferver (vi)	ziej	[zíɛj]
ferver (vt)	ziej	[zíɛj]
fervido	i zier	[i zíɛr]
arrefecer (vt)	ftoh	[ftoh]
arrefecer-se (vr)	ftohje	[ftóhjɛ]
sabor, gosto (m)	shije (f)	[ʃíjɛ]
gostinho (m)	shije (f)	[ʃíjɛ]
fazer dieta	dobësohem	[dobəsóhɛm]
dieta (f)	dietë (f)	[diétə]
vitamina (f)	vitaminë (f)	[vitamínə]
caloria (f)	kalori (f)	[kalorí]
vegetariano (m)	vegjetarian (m)	[vɛɟɛtarián]
vegetariano	vegjetarian	[vɛɟɛtarián]
gorduras (f pl)	yndyrë (f)	[yndýrə]
proteínas (f pl)	proteinë (f)	[protɛínə]
carboidratos (m pl)	karbohidrat (m)	[karbohidrát]
fatia (~ de limão, etc.)	fetë (f)	[fétə]
pedaço (~ de bolo)	copë (f)	[tsópə]
migalha (f)	dromcë (f)	[drómtsə]

43. Por a mesa

colher (f)	lugë (f)	[lúgə]
faca (f)	thikë (f)	[θíkə]
garfo (m)	pirun (m)	[pirún]
chávena (f)	filxhan (m)	[fildʒán]
prato (m)	pjatë (f)	[pjátə]
pires (m)	pjatë filxhani (f)	[pjátə fildʒáni]
guardanapo (m)	pecetë (f)	[pɛtsétə]
palito (m)	kruajtëse dhëmbësh (f)	[krúajtəsɛ ðə́mbəʃ]

44. Restaurante

restaurante (m)	restorant (m)	[rɛstoránt]
café (m)	kafene (f)	[kafɛné]
bar (m), cervejaria (f)	pab (m), pijetore (f)	[pab], [pijɛtórɛ]
salão (m) de chá	çajtore (f)	[tʃajtórɛ]
empregado (m) de mesa	kamerier (m)	[kamɛriér]
empregada (f) de mesa	kameriere (f)	[kamɛriérɛ]
barman (m)	banakier (m)	[banakiér]
ementa (f)	menu (f)	[mɛnú]
lista (f) de vinhos	menu verërash (f)	[mɛnú vérəraʃ]
reservar uma mesa	rezervoj një tavolinë	[rɛzɛrvój ɲə tavolínə]
prato (m)	pjatë (f)	[pjátə]
pedir (vt)	porosis	[porosís]
fazer o pedido	bëj porosinë	[bəj porosínə]
aperitivo (m)	aperitiv (m)	[apɛritív]
entrada (f)	antipastë (f)	[antipástə]
sobremesa (f)	ëmbëlsirë (f)	[əmbəlsírə]
conta (f)	faturë (f)	[fatúrə]
pagar a conta	paguaj faturën	[pagúaj fatúrən]
dar o troco	jap kusur	[jap kusúr]
gorjeta (f)	bakshish (m)	[bakʃíʃ]

Família, parentes e amigos

45. Informação pessoal. Formulários

nome (m)	emër (m)	[émər]
apelido (m)	mbiemër (m)	[mbiémər]
data (f) de nascimento	datëlindje (f)	[datəlíndjɛ]
local (m) de nascimento	vendlindje (f)	[vɛndlíndjɛ]
nacionalidade (f)	kombësi (f)	[kombəsí]
lugar (m) de residência	vendbanim (m)	[vɛndbaním]
país (m)	shtet (m)	[ʃtɛt]
profissão (f)	profesion (m)	[profɛsión]
sexo (m)	gjinia (f)	[ɟinía]
estatura (f)	gjatësia (f)	[ɟatəsía]
peso (m)	peshë (f)	[péʃə]

46. Membros da família. Parentes

mãe (f)	nënë (f)	[nénə]
pai (m)	baba (f)	[babá]
filho (m)	bir (m)	[bir]
filha (f)	bijë (f)	[bíjə]
filha (f) mais nova	vajza e vogël (f)	[vájza ɛ vógəl]
filho (m) mais novo	djali i vogël (m)	[djáli i vógəl]
filha (f) mais velha	vajza e madhe (f)	[vájza ɛ máðɛ]
filho (m) mais velho	djali i vogël (m)	[djáli i vógəl]
irmão (m)	vëlla (m)	[vətá]
irmão (m) mais velho	vëllai i madh (m)	[vətái i mað]
irmão (m) mais novo	vëllai i vogël (m)	[vətái i vógəl]
irmã (f)	motër (f)	[mótər]
irmã (f) mais velha	motra e madhe (f)	[mótra ɛ máðɛ]
irmã (f) mais nova	motra e vogël (f)	[mótra ɛ vógəl]
primo (m)	kushëri (m)	[kuʃərí]
prima (f)	kushërirë (f)	[kuʃərírə]
mamã (f)	mami (f)	[mámi]
papá (m)	babi (m)	[bábi]
pais (pl)	prindër (pl)	[príndər]
criança (f)	fëmijë (f)	[fəmíjə]
crianças (f pl)	fëmijë (pl)	[fəmíjə]
avó (f)	gjyshe (f)	[ɟýʃɛ]
avô (m)	gjysh (m)	[ɟyʃ]

neto (m)	nip (m)	[nip]
neta (f)	mbesë (f)	[mbésə]
netos (pl)	nipër e mbesa (pl)	[nípər ɛ mbésa]
tio (m)	dajë (f)	[dájə]
tia (f)	teze (f)	[tézɛ]
sobrinho (m)	nip (m)	[nip]
sobrinha (f)	mbesë (f)	[mbésə]
sogra (f)	vjehrrë (f)	[vjéhrə]
sogro (m)	vjehrri (m)	[vjéhri]
genro (m)	dhëndër (m)	[ðéndər]
madrasta (f)	njerkë (f)	[ɲérkə]
padrasto (m)	njerk (m)	[ɲérk]
criança (f) de colo	foshnjë (f)	[fóʃɲə]
bebé (m)	fëmijë (f)	[fəmíjə]
menino (m)	djalosh (m)	[djalóʃ]
mulher (f)	bashkëshorte (f)	[baʃkəʃórtɛ]
marido (m)	bashkëshort (m)	[baʃkəʃórt]
esposo (m)	bashkëshort (m)	[baʃkəʃórt]
esposa (f)	bashkëshorte (f)	[baʃkəʃórtɛ]
casado	i martuar	[i martúar]
casada	e martuar	[ɛ martúar]
solteiro	beqar	[bɛcár]
solteirão (m)	beqar (m)	[bɛcár]
divorciado	i divorcuar	[i divortsúar]
viúva (f)	vejushë (f)	[vɛjúʃə]
viúvo (m)	vejan (m)	[vɛján]
parente (m)	kushëri (m)	[kuʃərí]
parente (m) próximo	kushëri i afërt (m)	[kuʃərí i áfərt]
parente (m) distante	kushëri i largët (m)	[kuʃərí i lárgət]
parentes (m pl)	kushërinj (pl)	[kuʃəríɲ]
órfão (m)	jetim (m)	[jɛtím]
órfã (f)	jetime (f)	[jɛtímɛ]
tutor (m)	kujdestar (m)	[kujdɛstár]
adotar (um filho)	adoptoj	[adoptój]
adotar (uma filha)	adoptoj	[adoptój]

Medicina

47. Doenças

doença (f)	sëmundje (f)	[səmúndjɛ]
estar doente	jam sëmurë	[jam səmúrə]
saúde (f)	shëndet (m)	[ʃəndét]

nariz (m) a escorrer	rrifë (f)	[rífə]
amigdalite (f)	grykët (m)	[grýkət]
constipação (f)	ftohje (f)	[ftóhjɛ]
constipar-se (vr)	ftohem	[ftóhɛm]

bronquite (f)	bronkit (m)	[bronkít]
pneumonia (f)	pneumoni (f)	[pnɛumoní]
gripe (f)	grip (m)	[grip]

míope	miop	[mióp]
presbita	presbit	[prɛsbít]
estrabismo (m)	strabizëm (m)	[strabízəm]
estrábico	strabik	[strabík]
catarata (f)	katarakt (m)	[katarákt]
glaucoma (m)	glaukoma (f)	[glaukóma]

AVC (m), apoplexia (f)	goditje (f)	[godítjɛ]
ataque (m) cardíaco	sulm në zemër (m)	[sulm nə zémər]
enfarte (m) do miocárdio	infarkt miokardiak (m)	[infárkt miokardiák]
paralisia (f)	paralizë (f)	[paralízə]
paralisar (vt)	paralizoj	[paralizój]

alergia (f)	alergji (f)	[alɛrɟí]
asma (f)	astmë (f)	[ástmə]
diabetes (f)	diabet (m)	[diabét]

dor (f) de dentes	dhimbje dhëmbi (f)	[ðímbjɛ ðə́mbi]
cárie (f)	karies (m)	[kariés]

diarreia (f)	diarre (f)	[diaré]
prisão (f) de ventre	kapsllëk (m)	[kapsɫék]
desarranjo (m) intestinal	dispepsi (f)	[dispɛpsí]
intoxicação (f) alimentar	helmim (m)	[hɛlmím]
intoxicar-se	helmohem nga ushqimi	[hɛlmóhɛm ŋa uʃcími]

artrite (f)	artrit (m)	[artrít]
raquitismo (m)	rakit (m)	[rakít]
reumatismo (m)	reumatizëm (m)	[rɛumatízəm]
arteriosclerose (f)	arteriosklerozë (f)	[artɛrioksklɛrózə]

gastrite (f)	gastrit (m)	[gastrít]
apendicite (f)	apendicit (m)	[apɛnditsít]

colecistite (f)	kolecistit (m)	[kolɛtsistít]
úlcera (f)	ulcerë (f)	[ultsérə]

sarampo (m)	fruth (m)	[fruθ]
rubéola (f)	rubeola (f)	[rubɛóla]
iterícia (f)	verdhëza (f)	[vérðəza]
hepatite (f)	hepatit (m)	[hɛpatít]

esquizofrenia (f)	skizofreni (f)	[skizofrɛní]
raiva (f)	sëmundje e tërbimit (f)	[səmúndjɛ ɛ tərbímit]
neurose (f)	neurozë (f)	[nɛurózə]
comoção (f) cerebral	tronditje (f)	[trondítjɛ]

cancro (m)	kancer (m)	[kantsér]
esclerose (f)	sklerozë (f)	[sklɛrózə]
esclerose (f) múltipla	sklerozë e shumëfishtë (f)	[sklɛrózə ɛ ʃuməfíʃtə]

alcoolismo (m)	alkoolizëm (m)	[alkoolízəm]
alcoólico (m)	alkoolik (m)	[alkoolík]
sífilis (f)	sifiliz (m)	[sifilíz]
SIDA (f)	SIDA (f)	[sída]

tumor (m)	tumor (m)	[tumór]
maligno	malinj	[malíɲ]
benigno	beninj	[bɛníɲ]

febre (f)	ethe (f)	[éθɛ]
malária (f)	malarie (f)	[malaríɛ]
gangrena (f)	gangrenë (f)	[gaŋréna]
enjoo (m)	sëmundje deti (f)	[səmúndjɛ déti]
epilepsia (f)	epilepsi (f)	[ɛpilɛpsí]

epidemia (f)	epidemi (f)	[ɛpidɛmí]
tifo (m)	tifo (f)	[tífo]
tuberculose (f)	tuberkuloz (f)	[tubɛrkulóz]
cólera (f)	kolerë (f)	[kolérə]
peste (f)	murtaja (f)	[murtája]

48. Simtomas. Tratamentos. Parte 1

sintoma (m)	simptomë (f)	[simptómə]
temperatura (f)	temperaturë (f)	[tɛmpɛratúrə]
febre (f)	temperaturë e lartë (f)	[tɛmpɛratúrə ɛ lártə]
pulso (m)	puls (m)	[puls]

vertigem (f)	marrje mendsh (m)	[márjɛ méndʃ]
quente (testa, etc.)	i nxehtë	[i ndzéhtə]
calafrio (m)	drithërima (f)	[driθəríma]
pálido	i zbehur	[i zbéhur]

tosse (f)	kollë (f)	[kółə]
tossir (vi)	kollitem	[kołítɛm]
espirrar (vi)	teshtij	[tɛʃtíj]
desmaio (m)	të fikët (f)	[tə fíkət]

desmaiar (vi)	bie të fikët	[bíɛ tə fíkət]
nódoa (f) negra	mavijosje (f)	[mavijósjɛ]
galo (m)	gungë (f)	[gúŋə]
magoar-se (vr)	godas	[godás]
pisadura (f)	lëndim (m)	[ləndím]
aleijar-se (vr)	lëndohem	[ləndóhɛm]
coxear (vi)	çaloj	[tʃalój]
deslocação (f)	dislokim (m)	[dislokím]
deslocar (vt)	del nga vendi	[dɛl ŋa véndi]
fratura (f)	thyerje (f)	[θýɛrjɛ]
fraturar (vt)	thyej	[θýɛj]
corte (m)	e prerë (f)	[ɛ prérə]
cortar-se (vr)	pres veten	[prɛs vétɛn]
hemorragia (f)	rrjedhje gjaku (f)	[rjéðjɛ ɟáku]
queimadura (f)	djegie (f)	[djégiɛ]
queimar-se (vr)	digjem	[díɟɛm]
picar (vt)	shpoj	[ʃpoj]
picar-se (vr)	shpohem	[ʃpóhɛm]
lesionar (vt)	dëmtoj	[dəmtój]
lesão (m)	dëmtim (m)	[dəmtím]
ferida (f), ferimento (m)	plagë (f)	[plágə]
trauma (m)	traumë (f)	[traúmə]
delirar (vi)	fol përçart	[fól pərtʃárt]
gaguejar (vi)	belbëzoj	[bɛlbəzój]
insolação (f)	pikë e diellit (f)	[píkə ɛ diéɫit]

49. Simtomas. Tratamentos. Parte 2

dor (f)	dhimbje (f)	[ðímbjɛ]
farpa (no dedo)	cifël (f)	[tsífəl]
suor (m)	djersë (f)	[djérsə]
suar (vi)	djersij	[djɛrsíj]
vómito (m)	të vjella (f)	[tə vjéɫa]
convulsões (f pl)	konvulsione (f)	[konvulsiónɛ]
grávida	shtatzënë	[ʃtatzénə]
nascer (vi)	lind	[lind]
parto (m)	lindje (f)	[líndjɛ]
dar à luz	sjell në jetë	[sjɛɫ nə jétə]
aborto (m)	abort (m)	[abórt]
respiração (f)	frymëmarrje (f)	[fryməmárjɛ]
inspiração (f)	mbajtje e frymës (f)	[mbájtjɛ ɛ frýməs]
expiração (f)	lëshim i frymës (m)	[ləʃím i frýməs]
expirar (vi)	nxjerr frymën	[ndzjér frýmən]
inspirar (vi)	marr frymë	[mar frýmə]
inválido (m)	invalid (m)	[invalíd]
aleijado (m)	i gjymtuar (m)	[i ɟymtúar]

toxicodependente (m)	narkoman (m)	[narkomán]
surdo	shurdh	[ʃurð]
mudo	memec	[mɛméts]
surdo-mudo	shurdh-memec	[ʃurð-mɛméts]

louco (adj.)	i marrë	[i márə]
louco (m)	i çmendur (m)	[i tʃméndur]
louca (f)	e çmendur (f)	[ɛ tʃméndur]
ficar louco	çmendem	[tʃméndɛm]

gene (m)	gen (m)	[gɛn]
imunidade (f)	imunitet (m)	[imunitét]
hereditário	e trashëguar	[ɛ traʃəgúar]
congénito	e lindur	[ɛ líndur]

vírus (m)	virus (m)	[virús]
micróbio (m)	mikrob (m)	[mikrób]
bactéria (f)	bakterie (f)	[baktériɛ]
infeção (f)	infeksion (m)	[infɛksión]

50. Simtomas. Tratamentos. Parte 3

hospital (m)	spital (m)	[spitál]
paciente (m)	pacient (m)	[patsiént]

diagnóstico (m)	diagnozë (f)	[diagnózə]
cura (f)	kurë (f)	[kúrə]
tratamento (m) médico	trajtim mjekësor (m)	[trajtím mjɛkəsór]
curar-se (vr)	kurohem	[kuróhɛm]
tratar (vt)	kuroj	[kurój]
cuidar (pessoa)	kujdesem	[kujdésɛm]
cuidados (m pl)	kujdes (m)	[kujdés]

operação (f)	operacion (m)	[opɛratsión]
enfaixar (vt)	fashoj	[faʃój]
ligadura (f)	fashim (m)	[faʃím]

vacinação (f)	vaksinim (m)	[vaksiním]
vacinar (vt)	vaksinoj	[vaksinój]
injeção (f)	injeksion (m)	[iɲɛksión]
dar uma injeção	bëj injeksion	[bəj iɲɛksíon]

ataque (~ de asma, etc.)	atak (m)	[aták]
amputação (f)	amputim (m)	[amputím]
amputar (vt)	amputoj	[amputój]
coma (f)	komë (f)	[kómə]
estar em coma	jam në komë	[jam nə kómə]
reanimação (f)	kujdes intensiv (m)	[kujdés intɛnsív]

recuperar-se (vr)	shërohem	[ʃəróhɛm]
estado (~ de saúde)	gjendje (f)	[ɟéndjɛ]
consciência (f)	vetëdije (f)	[vɛtədíjɛ]
memória (f)	kujtesë (f)	[kujtésə]
tirar (vt)	heq	[hɛc]

| chumbo (m), obturação (f) | mbushje (f) | [mbúʃjɛ] |
| chumbar, obturar (vt) | mbush | [mbúʃ] |

| hipnose (f) | hipnozë (f) | [hipnózə] |
| hipnotizar (vt) | hipnotizim | [hipnotizím] |

51. Médicos

médico (m)	mjek (m)	[mjék]
enfermeira (f)	infermiere (f)	[infɛrmiérɛ]
médico (m) pessoal	mjek personal (m)	[mjék pɛrsonál]

dentista (m)	dentist (m)	[dɛntíst]
oculista (m)	okulist (m)	[okulíst]
terapeuta (m)	mjek i përgjithshëm (m)	[mjék i pərɟíθʃəm]
cirurgião (m)	kirurg (m)	[kirúrg]

psiquiatra (m)	psikiatër (m)	[psikiátər]
pediatra (m)	pediatër (m)	[pɛdiátər]
psicólogo (m)	psikolog (m)	[psikológ]
ginecologista (m)	gjinekolog (m)	[ɟinɛkológ]
cardiologista (m)	kardiolog (m)	[kardiológ]

52. Medicina. Drogas. Acessórios

medicamento (m)	ilaç (m)	[ilátʃ]
remédio (m)	mjekim (m)	[mjɛkím]
receitar (vt)	shkruaj recetë	[ʃkrúaj rɛtsétə]
receita (f)	recetë (f)	[rɛtsétə]

comprimido (m)	pilulë (f)	[pilúlə]
pomada (f)	krem (m)	[krɛm]
ampola (f)	ampulë (f)	[ampúlə]
preparado (m)	përzierje (f)	[pərzíɛrjɛ]
xarope (m)	shurup (m)	[ʃurúp]
cápsula (f)	pilulë (f)	[pilúlə]
remédio (m) em pó	pudër (f)	[púdər]

ligadura (f)	fashë garze (f)	[faʃə gárzɛ]
algodão (m)	pambuk (m)	[pambúk]
iodo (m)	jod (m)	[jod]

penso (m) rápido	leukoplast (m)	[lɛukoplást]
conta-gotas (f)	pikatore (f)	[pikatórɛ]
termómetro (m)	termometër (m)	[tɛrmométər]
seringa (f)	shiringë (f)	[ʃiríŋə]

| cadeira (f) de rodas | karrocë me rrota (f) | [karótsə mɛ róta] |
| muletas (f pl) | paterica (f) | [patɛrítsa] |

| analgésico (m) | qetësues (m) | [cɛtəsúɛs] |
| laxante (m) | laksativ (m) | [laksatív] |

álcool (m) etílico	alkool dezinfektues (m)	[alkoól dɛzinfɛktúɛs]
ervas (f pl) medicinais	bimë mjekësore (f)	[bímə mjɛkəsórɛ]
de ervas (chá ~)	çaj bimor	[tʃáj bimór]

HABITAT HUMANO

Cidade

53. Cidade. Vida na cidade

cidade (f)	qytet (m)	[cytét]
capital (f)	kryeqytet (m)	[kryɛcytét]
aldeia (f)	fshat (m)	[fʃát]

mapa (m) da cidade	hartë e qytetit (f)	[hártə ɛ cytétit]
centro (m) da cidade	qendër e qytetit (f)	[cénder ɛ cytétit]
subúrbio (m)	periferi (f)	[pɛrifɛrí]
suburbano	periferik	[pɛrifɛrík]

periferia (f)	periferia (f)	[pɛrifɛría]
arredores (m pl)	periferia (f)	[pɛrifɛría]
quarteirão (m)	bllok pallatesh (m)	[bɫók paɫátɛʃ]
quarteirão (m) residencial	bllok banimi (m)	[bɫók baními]

tráfego (m)	trafik (m)	[trafík]
semáforo (m)	semafor (m)	[sɛmafór]
transporte (m) público	transport publik (m)	[transpórt publík]
cruzamento (m)	kryqëzim (m)	[krycəzím]

passadeira (f)	kalim për këmbësorë (m)	[kalím pər kəmbəsórə]
passagem (f) subterrânea	nënkalim për këmbësorë (m)	[nənkalím pər kəmbəsórə]
cruzar, atravessar (vt)	kapërcej	[kapərtséj]
peão (m)	këmbësor (m)	[kəmbəsór]
passeio (m)	trotuar (m)	[trotuár]

ponte (f)	urë (f)	[úrə]
margem (f) do rio	breg lumi (m)	[brɛg lúmi]
fonte (f)	shatërvan (m)	[ʃatərván]

alameda (f)	rrugëz (m)	[rúgəz]
parque (m)	park (m)	[park]
bulevar (m)	bulevard (m)	[bulɛvárd]
praça (f)	shesh (m)	[ʃɛʃ]
avenida (f)	bulevard (m)	[bulɛvárd]
rua (f)	rrugë (f)	[rúgə]
travessa (f)	rrugë dytësore (f)	[rúgə dytəsórɛ]
beco (m) sem saída	rrugë pa krye (f)	[rúgə pa krýɛ]

casa (f)	shtëpi (f)	[ʃtəpí]
edifício, prédio (m)	ndërtesë (f)	[ndərtésə]
arranha-céus (m)	qiellgërvishtës (m)	[ciɛɫgərvíʃtəs]
fachada (f)	fasadë (f)	[fasádə]
telhado (m)	çati (f)	[tʃatí]

janela (f)	dritare (f)	[dritárɛ]
arco (m)	hark (m)	[hárk]
coluna (f)	kolonë (f)	[kolónə]
esquina (f)	kënd (m)	[kénd]

montra (f)	vitrinë (f)	[vitrínə]
letreiro (m)	tabelë (f)	[tabélə]
cartaz (m)	poster (m)	[postér]
cartaz (m) publicitário	afishe reklamuese (f)	[afíʃɛ rɛklamúɛsɛ]
painel (m) publicitário	tabelë reklamash (f)	[tabélə rɛklámaʃ]

lixo (m)	plehra (f)	[pléhra]
cesta (f) do lixo	kosh plehrash (m)	[koʃ pléhraʃ]
jogar lixo na rua	hedh mbeturina	[hɛð mbɛturína]
aterro (m) sanitário	deponi plehrash (f)	[dɛponí pléhraʃ]

cabine (f) telefónica	kabinë telefonike (f)	[kabínə tɛlɛfoníkɛ]
candeeiro (m) de rua	shtyllë dritash (f)	[ʃtýtə drítaʃ]
banco (m)	stol (m)	[stol]

polícia (m)	polic (m)	[políts]
polícia (instituição)	polici (f)	[politsí]
mendigo (m)	lypës (m)	[lýpəs]
sem-abrigo (m)	i pastrehë (m)	[i pastréhə]

54. Instituições urbanas

loja (f)	dyqan (m)	[dycán]
farmácia (f)	farmaci (f)	[farmatsí]
ótica (f)	optikë (f)	[optíkə]
centro (m) comercial	qendër tregtare (f)	[céndər trɛgtárɛ]
supermercado (m)	supermarket (m)	[supɛrmarkét]

padaria (f)	furrë (f)	[fúrə]
padeiro (m)	furrtar (m)	[furtár]
pastelaria (f)	pastiçeri (f)	[pastitʃɛrí]
mercearia (f)	dyqan ushqimor (m)	[dycán uʃcimór]
talho (m)	dyqan mishi (m)	[dycán míʃi]

loja (f) de legumes	dyqan fruta-perimesh (m)	[dycán frúta-pɛrímɛʃ]
mercado (m)	treg (m)	[trɛg]

café (m)	kafene (f)	[kafɛné]
restaurante (m)	restorant (m)	[rɛstoránt]
bar (m), cervejaria (f)	pab (m), pijetore (f)	[pab], [pijɛtórɛ]
pizzaria (f)	piceri (f)	[pitsɛrí]

salão (m) de cabeleireiro	parukeri (f)	[parukɛrí]
correios (m pl)	zyrë postare (f)	[zýrə postárɛ]
lavandaria (f)	pastrim kimik (m)	[pastrím kimík]
estúdio (m) fotográfico	studio fotografike (f)	[stúdio fotografíkɛ]

sapataria (f)	dyqan këpucësh (m)	[dycán kəpútsəʃ]
livraria (f)	librari (f)	[librarí]

loja (f) de artigos de desporto	dyqan me mallra sportivë (m)	[dycán mɛ máɫra sportívə]
reparação (f) de roupa	rrobaqepësi (f)	[robacɛpəsí]
aluguer (m) de roupa	dyqan veshjesh me qira (m)	[dycán véʃjɛʃ mɛ cirá]
aluguer (m) de filmes	dyqan videosh me qira (m)	[dycán vídɛoʃ mɛ cirá]
circo (m)	cirk (m)	[tsírk]
jardim (m) zoológico	kopsht zoologjik (m)	[kópʃt zooloɟík]
cinema (m)	kinema (f)	[kinɛmá]
museu (m)	muze (m)	[muzé]
biblioteca (f)	bibliotekë (f)	[bibliotékə]
teatro (m)	teatër (m)	[tɛátər]
ópera (f)	opera (f)	[opéra]
clube (m) noturno	klub nate (m)	[klúb nátɛ]
casino (m)	kazino (f)	[kazíno]
mesquita (f)	xhami (f)	[dʒamí]
sinagoga (f)	sinagogë (f)	[sinagógə]
catedral (f)	katedrale (f)	[katɛdrálɛ]
templo (m)	tempull (m)	[témpuɫ]
igreja (f)	kishë (f)	[kíʃə]
instituto (m)	kolegj (m)	[koléɟ]
universidade (f)	universitet (m)	[univɛrsitét]
escola (f)	shkollë (f)	[ʃkóɫə]
prefeitura (f)	prefekturë (f)	[prɛfɛktúrə]
câmara (f) municipal	bashki (f)	[baʃkí]
hotel (m)	hotel (m)	[hotél]
banco (m)	bankë (f)	[bánkə]
embaixada (f)	ambasadë (f)	[ambasádə]
agência (f) de viagens	agjenci udhëtimesh (f)	[aɟɛntsí uðətímɛʃ]
agência (f) de informações	zyrë informacioni (f)	[zýrə informatsióni]
casa (f) de câmbio	këmbim valutor (m)	[kəmbím valutór]
metro (m)	metro (f)	[mɛtró]
hospital (m)	spital (m)	[spitál]
posto (m) de gasolina	pikë karburanti (f)	[píkə karburánti]
parque (m) de estacionamento	parking (m)	[parkíŋ]

55. Sinais

letreiro (m)	tabelë (f)	[tabélə]
inscrição (f)	njoftim (m)	[ɲoftím]
cartaz, póster (m)	poster (m)	[postér]
sinal (m) informativo	tabelë drejtuese (f)	[tabélə drɛjtúɛsɛ]
seta (f)	shigjetë (f)	[ʃiɟétə]
aviso (advertência)	kujdes (m)	[kujdés]
sinal (m) de aviso	shenjë paralajmëruese (f)	[ʃéɲə paralajmərúɛsɛ]
avisar, advertir (vt)	paralajmëroj	[paralajmərój]

dia (m) de folga	ditë pushimi (f)	[dítə puʃími]
horário (m)	orar (m)	[orár]
horário (m) de funcionamento	orari i punës (m)	[orári i púnəs]
BEM-VINDOS!	MIRË SE VINI!	[mírə sɛ víni!]
ENTRADA	HYRJE	[hýrjɛ]
SAÍDA	DALJE	[dáljɛ]
EMPURRE	SHTY	[ʃty]
PUXE	TËRHIQ	[tərhíc]
ABERTO	HAPUR	[hápur]
FECHADO	MBYLLUR	[mbýɫur]
MULHER	GRA	[gra]
HOMEM	BURRA	[búra]
DESCONTOS	ZBRITJE	[zbrítjɛ]
SALDOS	ULJE	[úljɛ]
NOVIDADE!	TË REJA!	[tə réja!]
GRÁTIS	FALAS	[fálas]
ATENÇÃO!	KUJDES!	[kujdés!]
NÃO HÁ VAGAS	NUK KA VENDE TË LIRA	[nuk ka véndɛ tə líra]
RESERVADO	E REZERVUAR	[ɛ rɛzɛrvúar]
ADMINISTRAÇÃO	ADMINISTRATA	[administráta]
SOMENTE PESSOAL AUTORIZADO	VETËM PËR STAFIN	[vétəm pər stáfin]
CUIDADO CÃO FEROZ	RUHUNI NGA QENI!	[rúhuni ŋa céni!]
PROIBIDO FUMAR!	NDALOHET DUHANI	[ndalóhɛt duháni]
NÃO TOCAR	MOS PREK!	[mos prék!]
PERIGOSO	TË RREZIKSHME	[tə rɛzíkʃmɛ]
PERIGO	RREZIK	[rɛzík]
ALTA TENSÃO	TENSION I LARTË	[tɛnsión i lártə]
PROIBIDO NADAR	NUK LEJOHET NOTI!	[nuk lɛjóhɛt nóti!]
AVARIADO	E PRISHUR	[ɛ príʃur]
INFLAMÁVEL	LËNDË DJEGËSE	[ləndə djégəsɛ]
PROIBIDO	E NDALUAR	[ɛ ndalúar]
ENTRADA PROIBIDA	NDALOHET HYRJA	[ndalóhɛt hýrja]
CUIDADO TINTA FRESCA	BOJË E FRESKËT	[bójə ɛ fréskət]

56. Transportes urbanos

autocarro (m)	autobus (m)	[autobús]
elétrico (m)	tramvaj (m)	[tramváj]
troleicarro (m)	autobus tramvaj (m)	[autobús tramváj]
itinerário (m)	itinerar (m)	[itinɛrár]
número (m)	numër (m)	[númər]
ir de ... (carro, etc.)	udhëtoj me ...	[uðətój mɛ ...]
entrar (~ no autocarro)	hip	[hip]

descer de ...	zbres ...	[zbrɛs ...]
paragem (f)	stacion (m)	[statsión]
próxima paragem (f)	stacioni tjetër (m)	[statsióni tjétər]
ponto (m) final	terminal (m)	[tɛrminál]
horário (m)	orar (m)	[orár]
esperar (vt)	pres	[prɛs]
bilhete (m)	biletë (f)	[bilétə]
custo (m) do bilhete	çmim bilete (m)	[tʃmím bilétɛ]
bilheteiro (m)	shitës biletash (m)	[ʃítəs bilétaʃ]
controlo (m) dos bilhetes	kontroll biletash (m)	[kontrół bilétaʃ]
revisor (m)	kontrollues biletash (m)	[kontrołúɛs bilétaʃ]
atrasar-se (vr)	vonohem	[vonóhɛm]
perder (o autocarro, etc.)	humbas	[humbás]
estar com pressa	nxitoj	[ndzitój]
táxi (m)	taksi (m)	[táksi]
taxista (m)	shofer taksie (m)	[ʃofér taksíɛ]
de táxi (ir ~)	me taksi	[mɛ táksi]
praça (f) de táxis	stacion taksish (m)	[statsión táksiʃ]
chamar um táxi	thërras taksi	[θərás táksi]
apanhar um táxi	marr taksi	[mar táksi]
tráfego (m)	trafik (m)	[trafík]
engarrafamento (m)	bllokim trafiku (m)	[błokím trafíku]
horas (f pl) de ponta	orë e trafikut të rëndë (f)	[órə ɛ trafíkut tə rəndə]
estacionar (vi)	parkoj	[parkój]
estacionar (vt)	parkim	[parkím]
parque (m) de estacionamento	parking (m)	[parkíŋ]
metro (m)	metro (f)	[mɛtró]
estação (f)	stacion (m)	[statsión]
ir de metro	shkoj me metro	[ʃkoj mɛ métro]
comboio (m)	tren (m)	[trɛn]
estação (f)	stacion treni (m)	[statsión tréni]

57. Turismo

monumento (m)	monument (m)	[monumént]
fortaleza (f)	kala (f)	[kalá]
palácio (m)	pallat (m)	[pałát]
castelo (m)	kështjellë (f)	[kəʃtjéłə]
torre (f)	kullë (f)	[kúłə]
mausoléu (m)	mauzoleum (m)	[mauzolɛúm]
arquitetura (f)	arkitekturë (f)	[arkitɛktúrə]
medieval	mesjetare	[mɛsjɛtárɛ]
antigo	e lashtë	[ɛ láʃtə]
nacional	kombëtare	[kombətárɛ]
conhecido	i famshëm	[i fámʃəm]
turista (m)	turist (m)	[turíst]
guia (pessoa)	udhërrëfyes (m)	[uðərəfýɛs]

excursão (f)	ekskursion (m)	[ɛkskursión]
mostrar (vt)	tregoj	[trɛgój]
contar (vt)	dëftoj	[dəftój]
encontrar (vt)	gjej	[ɟéj]
perder-se (vr)	humbas	[humbás]
mapa (~ do metrô)	hartë (f)	[hártə]
mapa (~ da cidade)	hartë (f)	[hártə]
lembrança (f), presente (m)	suvenir (m)	[suvɛnír]
loja (f) de presentes	dyqan dhuratash (m)	[dycán ðurátaʃ]
fotografar (vt)	bëj foto	[bəj fóto]
fotografar-se	bëj fotografi	[bəj fotografí]

58. Compras

comprar (vt)	blej	[blɛj]
compra (f)	blerje (f)	[blérjɛ]
fazer compras	shkoj për pazar	[ʃkoj pər pazár]
compras (f pl)	pazar (m)	[pazár]
estar aberta (loja, etc.)	hapur	[hápur]
estar fechada	mbyllur	[mbýɫur]
calçado (m)	këpucë (f)	[kəpútsə]
roupa (f)	veshje (f)	[véʃjɛ]
cosméticos (m pl)	kozmetikë (f)	[kozmɛtíkə]
alimentos (m pl)	mallra ushqimore (f)	[máɫra uʃcimórɛ]
presente (m)	dhuratë (f)	[ðurátə]
vendedor (m)	shitës (m)	[ʃítəs]
vendedora (f)	shitëse (f)	[ʃítəsɛ]
caixa (f)	arkë (f)	[árkə]
espelho (m)	pasqyrë (f)	[pascýrə]
balcão (m)	banak (m)	[bának]
cabine (f) de provas	dhomë prove (f)	[ðómə próvɛ]
provar (vt)	provoj	[provój]
servir (vi)	më rri mirë	[mə ri mírə]
gostar (apreciar)	pëlqej	[pəlcéj]
preço (m)	çmim (m)	[tʃmím]
etiqueta (f) de preço	etiketa e çmimit (f)	[ɛtikéta ɛ tʃmímit]
custar (vt)	kushton	[kuʃtón]
Quanto?	Sa?	[sa?]
desconto (m)	ulje (f)	[úljɛ]
não caro	jo e shtrenjtë	[jo ɛ ʃtréɲtə]
barato	e lirë	[ɛ lírə]
caro	i shtrenjtë	[i ʃtréɲtə]
É caro	Është e shtrenjtë	[éʃtə ɛ ʃtréɲtə]
aluguer (m)	qiramarrje (f)	[ciramárjɛ]
alugar (vestidos, etc.)	marr me qira	[mar mɛ cirá]

crédito (m)	kredit (m)	[krɛdít]
a crédito	me kredi	[mɛ krɛdí]

59. Dinheiro

dinheiro (m)	para (f)	[pará]
câmbio (m)	këmbim valutor (m)	[kəmbím valutór]
taxa (f) de câmbio	kurs këmbimi (m)	[kurs kəmbími]
Caixa Multibanco (m)	bankomat (m)	[bankomát]
moeda (f)	monedhë (f)	[monéðə]
dólar (m)	dollar (m)	[doɫár]
euro (m)	euro (f)	[éuro]
lira (f)	lirë (f)	[lírə]
marco (m)	Marka gjermane (f)	[márka ɟermánɛ]
franco (m)	franga (f)	[fráŋa]
libra (f) esterlina	sterlina angleze (f)	[stɛrlína aŋlézɛ]
iene (m)	jen (m)	[jén]
dívida (f)	borxh (m)	[bórdʒ]
devedor (m)	debitor (m)	[dɛbitór]
emprestar (vt)	jap hua	[jap huá]
pedir emprestado	marr hua	[mar huá]
banco (m)	bankë (f)	[bánkə]
conta (f)	llogari (f)	[ɫogarí]
depositar (vt)	depozitoj	[dɛpozitój]
depositar na conta	depozitoj në llogari	[dɛpozitój nə ɫogarí]
levantar (vt)	tërheq	[tərhéc]
cartão (m) de crédito	kartë krediti (f)	[kártə krɛdíti]
dinheiro (m) vivo	kesh (m)	[kɛʃ]
cheque (m)	çek (m)	[tʃɛk]
passar um cheque	lëshoj një çek	[ləʃój ɲə tʃék]
livro (m) de cheques	bllok çeqesh (m)	[bɫók tʃécɛʃ]
carteira (f)	portofol (m)	[portofól]
porta-moedas (m)	kuletë (f)	[kulétə]
cofre (m)	kasafortë (f)	[kasafórtə]
herdeiro (m)	trashëgimtar (m)	[traʃəgimtár]
herança (f)	trashëgimi (f)	[traʃəgimí]
fortuna (riqueza)	pasuri (f)	[pasurí]
arrendamento (m)	qira (f)	[cirá]
renda (f) de casa	qiraja (f)	[cirája]
alugar (vt)	marr me qira	[mar mɛ cirá]
preço (m)	çmim (m)	[tʃmím]
custo (m)	kosto (f)	[kósto]
soma (f)	shumë (f)	[ʃúmə]
gastar (vt)	shpenzoj	[ʃpɛnzój]
gastos (m pl)	shpenzime (f)	[ʃpɛnzímɛ]

economizar (vi)	kursej	[kurséj]
económico	ekonomik	[ɛkonomík]
pagar (vt)	paguaj	[pagúaj]
pagamento (m)	pagesë (f)	[pagésə]
troco (m)	kusur (m)	[kusúr]
imposto (m)	taksë (f)	[táksə]
multa (f)	gjobë (f)	[ɟóbə]
multar (vt)	vendos gjobë	[vɛndós ɟóbə]

60. Correios. Serviço postal

correios (m pl)	zyrë postare (f)	[zýrə postárɛ]
correio (m)	postë (f)	[póstə]
carteiro (m)	postier (m)	[postiér]
horário (m)	orari i punës (m)	[orári i púnəs]
carta (f)	letër (f)	[létər]
carta (f) registada	letër rekomande (f)	[létər rɛkomándɛ]
postal (m)	kartolinë (f)	[kartolínə]
telegrama (m)	telegram (m)	[tɛlɛgrám]
encomenda (f) postal	pako (f)	[páko]
remessa (f) de dinheiro	transfer parash (m)	[transfér paráʃ]
receber (vt)	pranoj	[pranój]
enviar (vt)	dërgoj	[dərgój]
envio (m)	dërgesë (f)	[dərgésə]
endereço (m)	adresë (f)	[adrésə]
código (m) postal	kodi postar (m)	[kódi postár]
remetente (m)	dërguesi (m)	[dərgúɛsi]
destinatário (m)	pranues (m)	[pranúɛs]
nome (m)	emër (m)	[émər]
apelido (m)	mbiemër (m)	[mbiémər]
tarifa (f)	tarifë postare (f)	[tarífə postárɛ]
normal	standard	[standárd]
económico	ekonomike	[ɛkonomíkɛ]
peso (m)	peshë (f)	[péʃə]
pesar (estabelecer o peso)	peshoj	[pɛʃój]
envelope (m)	zarf (m)	[zarf]
selo (m)	pullë postare (f)	[pútə postárɛ]
colar o selo	vendos pullën postare	[vɛndós púten postárɛ]

Moradia. Casa. Lar

61. Casa. Eletricidade

eletricidade (f)	elektricitet (m)	[ɛlɛktritsitét]
lâmpada (f)	poç (m)	[potʃ]
interruptor (m)	çelës drite (m)	[tʃéləs drítɛ]
fusível (m)	siguresë (f)	[sigurésə]
fio, cabo (m)	kabllo (f)	[kábɫo]
instalação (f) elétrica	rrjet elektrik (m)	[rjét ɛlɛktrík]
contador (m) de eletricidade	njehsor elektrik (m)	[ɲɛhsór ɛlɛktrík]
leitura (f)	matjet (pl)	[mátjɛt]

62. Moradia. Mansão

casa (f) de campo	vilë (f)	[vílə]
vila (f)	vilë (f)	[vílə]
ala (~ do edifício)	krah (m)	[krah]
jardim (m)	kopsht (m)	[kopʃt]
parque (m)	park (m)	[park]
estufa (f)	serrë (f)	[sérə]
cuidar de ...	përkujdesem	[pərkujdésɛm]
piscina (f)	pishinë (f)	[piʃínə]
ginásio (m)	palestër (f)	[paléstər]
campo (m) de ténis	fushë tenisi (f)	[fúʃə tɛnísi]
cinema (m)	sallon teatri (m)	[saɫón tɛátri]
garagem (f)	garazh (m)	[garáʒ]
propriedade (f) privada	pronë private (f)	[prónə privátɛ]
terreno (m) privado	tokë private (f)	[tókə privátɛ]
advertência (f)	paralajmërim (m)	[paralajmərím]
sinal (m) de aviso	shenjë paralajmëruese (f)	[ʃéɲə paralajmərúɛsɛ]
guarda (f)	sigurim (m)	[sigurím]
guarda (m)	roje sigurimi (m)	[rójɛ sigurími]
alarme (m)	alarm (m)	[alárm]

63. Apartamento

apartamento (m)	apartament (m)	[apartamént]
quarto (m)	dhomë (f)	[ðómə]
quarto (m) de dormir	dhomë gjumi (f)	[ðómə ɟúmi]

sala (f) de jantar	dhomë ngrënie (f)	[ðómə ŋrəníɛ]
sala (f) de estar	dhomë ndeje (f)	[ðómə ndéjɛ]
escritório (m)	dhomë pune (f)	[ðómə púnɛ]
antessala (f)	hyrje (f)	[hýrjɛ]
quarto (m) de banho	banjo (f)	[báɲo]
toilette (lavabo)	tualet (m)	[tualét]
teto (m)	tavan (m)	[taván]
chão, soalho (m)	dysheme (f)	[dyʃɛmé]
canto (m)	qoshe (f)	[cóʃɛ]

64. Mobiliário. Interior

mobiliário (m)	orendi (f)	[orɛndí]
mesa (f)	tryezë (f)	[tryézə]
cadeira (f)	karrige (f)	[karígɛ]
cama (f)	shtrat (m)	[ʃtrat]
divã (m)	divan (m)	[diván]
cadeirão (m)	kolltuk (m)	[koɫtúk]
estante (f)	raft librash (m)	[ráft líbraʃ]
prateleira (f)	sergjen (m)	[sɛrɟén]
guarda-vestidos (m)	garderobë (f)	[gardəróbə]
cabide (m) de parede	varëse (f)	[várəsɛ]
cabide (m) de pé	varëse xhaketash (f)	[várəsɛ dʒakétaʃ]
cómoda (f)	komodë (f)	[komódə]
mesinha (f) de centro	tryezë e ulët (f)	[tryézə ɛ úlət]
espelho (m)	pasqyrë (f)	[pascýrə]
tapete (m)	qilim (m)	[cilím]
tapete (m) pequeno	tapet (m)	[tapét]
lareira (f)	oxhak (m)	[odʒák]
vela (f)	qiri (m)	[círi]
castiçal (m)	shandan (m)	[ʃandán]
cortinas (f pl)	perde (f)	[pérdɛ]
papel (m) de parede	tapiceri (f)	[tapitsɛrí]
estores (f pl)	grila (f)	[gríla]
candeeiro (m) de mesa	llambë tavoline (f)	[ɫámbə tavolínɛ]
candeeiro (m) de parede	llambadar muri (m)	[ɫambadár múri]
candeeiro (m) de pé	llambadar (m)	[ɫambadár]
lustre (m)	llambadar (m)	[ɫambadár]
perna (da cadeira, etc.)	këmbë (f)	[kémbə]
braço (m)	mbështetëse krahu (f)	[mbəʃtétəsɛ kráhu]
costas (f pl)	mbështetëse (f)	[mbəʃtétəsɛ]
gaveta (f)	sirtar (m)	[sirtár]

65. Quarto de dormir

roupa (f) de cama	çarçafë (pl)	[tʃartʃáfə]
almofada (f)	jastëk (m)	[jasték]
fronha (f)	këllëf jastëku (m)	[kəɫéf jastéku]
cobertor (m)	jorgan (m)	[jorgán]
lençol (m)	çarçaf (m)	[tʃartʃáf]
colcha (f)	mbulesë (f)	[mbulésə]

66. Cozinha

cozinha (f)	kuzhinë (f)	[kuʒínə]
gás (m)	gaz (m)	[gaz]
fogão (m) a gás	sobë me gaz (f)	[sóbə mɛ gaz]
fogão (m) elétrico	sobë elektrike (f)	[sóbə ɛlɛktríkɛ]
forno (m)	furrë (f)	[fúrə]
forno (m) de micro-ondas	mikrovalë (f)	[mikroválə]
frigorífico (m)	frigorifer (m)	[frigoriférˈ]
congelador (m)	frigorifer (m)	[frigoriférˈ]
máquina (f) de lavar louça	pjatalarëse (f)	[pjataláresɛ]
moedor (m) de carne	grirëse mishi (f)	[grírəsɛ míʃi]
espremedor (m)	shtrydhëse frutash (f)	[ʃtrýðəsɛ frútaʃ]
torradeira (f)	toster (m)	[tostérˈ]
batedeira (f)	mikser (m)	[miksérˈ]
máquina (f) de café	makinë kafeje (f)	[makínə kaféjɛ]
cafeteira (f)	kafetierë (f)	[kafɛtiérə]
moinho (m) de café	mulli kafeje (f)	[muɫí káfɛjɛ]
chaleira (f)	çajnik (m)	[tʃajník]
bule (m)	çajnik (m)	[tʃajník]
tampa (f)	kapak (m)	[kapák]
coador (f) de chá	sitë çaji (f)	[sítə tʃáji]
colher (f)	lugë (f)	[lúgə]
colher (f) de chá	lugë çaji (f)	[lúgə tʃáji]
colher (f) de sopa	lugë gjelle (f)	[lúgə ɟéɫɛ]
garfo (m)	pirun (m)	[pirún]
faca (f)	thikë (f)	[θíkə]
louça (f)	enë kuzhine (f)	[énə kuʒínɛ]
prato (m)	pjatë (f)	[pjátə]
pires (m)	pjatë filxhani (f)	[pjátə fildʒáni]
cálice (m)	potir (m)	[potírˈ]
copo (m)	gotë (f)	[gótə]
chávena (f)	filxhan (m)	[fildʒán]
açucareiro (m)	tas për sheqer (m)	[tas pər ʃɛcérˈ]
saleiro (m)	kripore (f)	[kripórɛ]
pimenteiro (m)	enë piperi (f)	[énə pipéri]

manteigueira (f)	pjatë gjalpi (f)	[pjátə ɟálpi]
panela, caçarola (f)	tenxhere (f)	[tɛndʒérɛ]
frigideira (f)	tigan (m)	[tigán]
concha (f)	garuzhdë (f)	[garúʒdə]
passador (m)	kullesë (f)	[kuɫésə]
bandeja (f)	tabaka (f)	[tabaká]
garrafa (f)	shishe (f)	[ʃíʃɛ]
boião (m) de vidro	kavanoz (m)	[kavanóz]
lata (f)	kanoçe (f)	[kanótʃɛ]
abre-garrafas (m)	hapëse shishesh (f)	[hapəsé ʃíʃɛʃ]
abre-latas (m)	hapëse kanoçesh (f)	[hapəsé kanótʃɛʃ]
saca-rolhas (m)	turjelë tapash (f)	[turjélə tápaʃ]
filtro (m)	filtër (m)	[fíltər]
filtrar (vt)	filtroj	[filtrój]
lixo (m)	pleh (m)	[plɛh]
balde (m) do lixo	kosh plehrash (m)	[koʃ pléhraʃ]

67. Casa de banho

quarto (m) de banho	banjo (f)	[báɲo]
água (f)	ujë (m)	[újə]
torneira (f)	rubinet (m)	[rubinét]
água (f) quente	ujë i nxehtë (f)	[újə i ndzéhtə]
água (f) fria	ujë i ftohtë (f)	[újə i ftóhtə]
pasta (f) de dentes	pastë dhëmbësh (f)	[pástə ðémbəʃ]
escovar os dentes	laj dhëmbët	[laj ðémbət]
escova (f) de dentes	furçë dhëmbësh (f)	[fúrtʃə ðémbəʃ]
barbear-se (vr)	rruhem	[rúhɛm]
espuma (f) de barbear	shkumë rroje (f)	[ʃkumə rójɛ]
máquina (f) de barbear	brisk (m)	[brísk]
lavar (vt)	laj duart	[laj dúart]
lavar-se (vr)	lahem	[láhɛm]
duche (m)	dush (m)	[duʃ]
tomar um duche	bëj dush	[bəj dúʃ]
banheira (f)	vaskë (f)	[váskə]
sanita (f)	tualet (m)	[tualét]
lavatório (m)	lavaman (m)	[lavamán]
sabonete (m)	sapun (m)	[sapún]
saboneteira (f)	pjatë sapuni (f)	[pjátə sapúni]
esponja (f)	sfungjer (m)	[sfuɲɟér]
champô (m)	shampo (f)	[ʃampó]
toalha (f)	peshqir (m)	[pɛʃcír]
roupão (m) de banho	peshqir trupi (m)	[pɛʃcír trúpi]
lavagem (f)	larje (f)	[lárjɛ]
máquina (f) de lavar	makinë larëse (f)	[makínə lárəsɛ]

| lavar a roupa | laj rroba | [laj róba] |
| detergente (m) | detergjent (m) | [dɛtɛrɟént] |

68. Eletrodomésticos

televisor (m)	televizor (m)	[tɛlɛvizór]
gravador (m)	inçizues me shirit (m)	[intʃizúɛs mɛ ʃirít]
videogravador (m)	video regjistrues (m)	[vídɛo rɛɟistrúɛs]
rádio (m)	radio (f)	[rádio]
leitor (m)	kasetofon (m)	[kasɛtofón]

projetor (m)	projektor (m)	[projɛktór]
cinema (m) em casa	kinema shtëpie (f)	[kinɛmá ʃtəpíɛ]
leitor (m) de DVD	DVD player (m)	[dividí plɛjər]
amplificador (m)	amplifikator (m)	[amplifikatór]
console (f) de jogos	konsol video loje (m)	[konsól vídɛo lójɛ]

câmara (f) de vídeo	videokamerë (f)	[vidɛokamérə]
máquina (f) fotográfica	aparat fotografik (m)	[aparát fotografík]
câmara (f) digital	kamerë digjitale (f)	[kamérə diɟitálɛ]

aspirador (m)	fshesë elektrike (f)	[fʃésə ɛlɛktríkɛ]
ferro (m) de engomar	hekur (m)	[hékuɾ]
tábua (f) de engomar	tryezë për hekurosje (f)	[tryézə pər hɛkurósjɛ]

telefone (m)	telefon (m)	[tɛlɛfón]
telemóvel (m)	celular (m)	[tsɛlulár]
máquina (f) de escrever	makinë shkrimi (f)	[makínə ʃkrími]
máquina (f) de costura	makinë qepëse (f)	[makínə cépəsɛ]

microfone (m)	mikrofon (m)	[mikrofón]
auscultadores (m pl)	kufje (f)	[kúfjɛ]
controlo remoto (m)	telekomandë (f)	[tɛlɛkomándə]

CD (m)	CD (f)	[tsɛdé]
cassete (f)	kasetë (f)	[kasétə]
disco (m) de vinil	pllakë gramafoni (f)	[płákə gramafóni]

ATIVIDADES HUMANAS

Emprego. Negócios. Parte 1

69. Escritório. O trabalho no escritório

escritório (~ de advogados)	zyrë (f)	[zýrə]
escritório (do diretor, etc.)	zyrë (f)	[zýrə]
receção (f)	recepsion (m)	[rɛtsɛpsión]
secretário (m)	sekretar (m)	[sɛkrɛtár]
secretária (f)	sekretare (f)	[sɛkrɛtárɛ]
diretor (m)	drejtor (m)	[drɛjtór]
gerente (m)	menaxher (m)	[mɛnadʒér]
contabilista (m)	kontabilist (m)	[kontabilíst]
empregado (m)	punonjës (m)	[punóɲəs]
mobiliário (m)	orendi (f)	[orɛndí]
mesa (f)	tavolinë pune (f)	[tavolínə púnɛ]
cadeira (f)	karrige pune (f)	[karígɛ púnɛ]
bloco (m) de gavetas	njësi sirtarësh (f)	[ɲəsí sirtárəʃ]
cabide (m) de pé	varëse xhaketash (f)	[várəsɛ dʒakétaʃ]
computador (m)	kompjuter (m)	[kompjutér]
impressora (f)	printer (m)	[printér]
fax (m)	aparat faksi (m)	[aparát fáksi]
fotocopiadora (f)	fotokopje (f)	[fotokópjɛ]
papel (m)	letër (f)	[létər]
artigos (m pl) de escritório	pajisje zyre (f)	[pajísjɛ zýrɛ]
tapete (m) de rato	shtroje e mausit (f)	[ʃtrójɛ ɛ máusit]
folha (f) de papel	fletë (f)	[flétə]
pasta (f)	dosje (f)	[dósjɛ]
catálogo (m)	katalog (m)	[katalóg]
diretório (f) telefónico	numerator telefonik (m)	[numɛratór tɛlɛfoník]
documentação (f)	dokumentacion (m)	[dokumɛntatsión]
brochura (f)	broshurë (f)	[broʃúrə]
flyer (m)	fletëpalosje (f)	[flɛtəpalósjɛ]
amostra (f)	mostër (f)	[móstər]
formação (f)	takim trajnimi (m)	[takím trajními]
reunião (f)	takim (m)	[takím]
hora (f) de almoço	pushim dreke (m)	[puʃím drékɛ]
fazer uma cópia	bëj fotokopje	[bəj fotokópjɛ]
tirar cópias	shumëfishoj	[ʃuməfiʃój]
receber um fax	marr faks	[mar fáks]
enviar um fax	dërgoj faks	[dərgój fáks]

fazer uma chamada	telefonoj	[tɛlɛfonój]
responder (vt)	përgjigjem	[pərɟíɟɛm]
passar (vt)	kaloj linjën	[kalój líɲən]
marcar (vt)	lë takim	[lə takím]
demonstrar (vt)	tregoj	[trɛgój]
estar ausente	mungoj	[muŋój]
ausência (f)	mungesë (f)	[muŋésə]

70. Processos negociais. Parte 1

negócio (m)	biznes (m)	[biznés]
ocupação (f)	profesion (m)	[profɛsión]
firma, empresa (f)	firmë (f)	[fírmə]
companhia (f)	kompani (f)	[kompaní]
corporação (f)	korporatë (f)	[korporátə]
empresa (f)	ndërmarrje (f)	[ndərmárjɛ]
agência (f)	agjenci (f)	[aɟɛntsí]
acordo (documento)	marrëveshje (f)	[marəvéʃjɛ]
contrato (m)	kontratë (f)	[kontrátə]
acordo (transação)	marrëveshje (f)	[marəvéʃjɛ]
encomenda (f)	porosi (f)	[porosí]
cláusulas (f pl), termos (m pl)	kushte (f)	[kúʃtɛ]
por grosso (adv)	me shumicë	[mɛ ʃumítsə]
por grosso (adj)	me shumicë	[mɛ ʃumítsə]
venda (f) por grosso	me shumicë (f)	[mɛ ʃumítsə]
a retalho	me pakicë	[mɛ pakítsə]
venda (f) a retalho	me pakicë (f)	[mɛ pakítsə]
concorrente (m)	konkurrent (m)	[konkurɛ́nt]
concorrência (f)	konkurrencë (f)	[konkurɛ́ntsə]
competir (vi)	konkurroj	[konkurój]
sócio (m)	ortak (m)	[orták]
parceria (f)	partneritet (m)	[partnɛritét]
crise (f)	krizë (f)	[krízə]
bancarrota (f)	falimentim (m)	[falimɛntím]
entrar em falência	falimentoj	[falimɛntój]
dificuldade (f)	vështirësi (f)	[vəʃtirəsí]
problema (m)	problem (m)	[problém]
catástrofe (f)	katastrofë (f)	[katastrófə]
economia (f)	ekonomi (f)	[ɛkonomí]
económico	ekonomik	[ɛkonomík]
recessão (f) económica	recesion ekonomik (m)	[rɛtsɛsión ɛkonomík]
objetivo (m)	qëllim (m)	[cəlím]
tarefa (f)	detyrë (f)	[dɛtýrə]
comercializar (vi)	tregtoj	[trɛgtój]
rede (de distribuição)	rrjet (m)	[rjét]

| estoque (m) | inventar (m) | [invɛntár] |
| sortido (m) | gamë (f) | [gámə] |

líder (m)	lider (m)	[lidér]
grande (~ empresa)	e madhe	[ɛ máðɛ]
monopólio (m)	monopol (m)	[monopól]

teoria (f)	teori (f)	[tɛorí]
prática (f)	praktikë (f)	[praktíkə]
experiência (falar por ~)	përvojë (f)	[pərvójə]
tendência (f)	trend (m)	[trɛnd]
desenvolvimento (m)	zhvillim (m)	[ʒvitím]

71. Processos negociais. Parte 2

| rentabilidade (f) | fitim (m) | [fitím] |
| rentável | fitimprurës | [fitimprúrəs] |

delegação (f)	delegacion (m)	[dɛlɛgatsión]
salário, ordenado (m)	pagë (f)	[págə]
corrigir (um erro)	korrigjoj	[koriɟój]
viagem (f) de negócios	udhëtim pune (m)	[uðətím púnɛ]
comissão (f)	komision (m)	[komisión]

controlar (vt)	kontrolloj	[kontroɫój]
conferência (f)	konferencë (f)	[konfɛréntsə]
licença (f)	licencë (f)	[litséntsə]
fiável	i besueshëm	[i bɛsúɛʃəm]

empreendimento (m)	nismë (f)	[nísmə]
norma (f)	normë (f)	[nórmə]
circunstância (f)	rrethanë (f)	[rɛθánə]
dever (m)	detyrë (f)	[dɛtýrə]

empresa (f)	organizatë (f)	[organizátə]
organização (f)	organizativ (m)	[organizatív]
organizado	i organizuar	[i organizúar]
anulação (f)	anulim (m)	[anulím]
anular, cancelar (vt)	anuloj	[anuɫój]
relatório (m)	raport (m)	[rapórt]

patente (f)	patentë (f)	[paténtə]
patentear (vt)	patentoj	[patɛntój]
planear (vt)	planifikoj	[planifikój]

prémio (m)	bonus (m)	[bonús]
profissional	profesional	[profɛsionál]
procedimento (m)	procedurë (f)	[protsɛdúrə]

examinar (a questão)	shqyrtoj	[ʃcyrtój]
cálculo (m)	llogaritje (f)	[ɫogarítjɛ]
reputação (f)	reputacion (m)	[rɛputatsión]
risco (m)	rrezik (m)	[rɛzík]
dirigir (~ uma empresa)	drejtoj	[drɛjtój]

informação (f)	informacion (m)	[informatsión]
propriedade (f)	pronë (f)	[prónə]
união (f)	bashkim (m)	[baʃkím]
seguro (m) de vida	sigurim jete (m)	[sigurím jétɛ]
fazer um seguro	siguroj	[sigurój]
seguro (m)	sigurim (m)	[sigurím]
leilão (m)	ankand (m)	[ankánd]
notificar (vt)	njoftoj	[ɲoftój]
gestão (f)	menaxhim (m)	[mɛnadʒím]
serviço (indústria de ~s)	shërbim (m)	[ʃərbím]
fórum (m)	forum (m)	[forúm]
funcionar (vi)	funksionoj	[funksionój]
estágio (m)	fazë (f)	[fázə]
jurídico	ligjor	[liɟór]
jurista (m)	avokat (m)	[avokát]

72. Produção. Trabalhos

usina (f)	uzinë (f)	[uzínə]
fábrica (f)	fabrikë (f)	[fabríkə]
oficina (f)	punëtori (f)	[punətorí]
local (m) de produção	punishte (f)	[puníʃtɛ]
indústria (f)	industri (f)	[industrí]
industrial	industrial	[industriál]
indústria (f) pesada	industri e rëndë (f)	[industrí ɛ rəndə]
indústria (f) ligeira	industri e lehtë (f)	[industrí ɛ léhtə]
produção (f)	produkt (m)	[prodúkt]
produzir (vt)	prodhoj	[proðój]
matérias (f pl) primas	lëndë e parë (f)	[léndə ɛ párə]
chefe (m) de brigada	përgjegjës (m)	[pərɟéɟəs]
brigada (f)	skuadër (f)	[skuádər]
operário (m)	punëtor (m)	[punətór]
dia (m) de trabalho	ditë pune (f)	[dítə púnɛ]
pausa (f)	pushim (m)	[puʃím]
reunião (f)	mbledhje (f)	[mbléðjɛ]
discutir (vt)	diskutoj	[diskutój]
plano (m)	plan (m)	[plan]
cumprir o plano	përmbush planin	[pərmbúʃ plánin]
taxa (f) de produção	normë prodhimi (f)	[nórmə proðími]
qualidade (f)	cilësi (f)	[tsilësí]
controlo (m)	kontroll (m)	[kontrółi]
controlo (m) da qualidade	kontroll cilësie (m)	[kontrółi tsilësíɛ]
segurança (f) no trabalho	siguri në punë (f)	[sigurí nə púnə]
disciplina (f)	disiplinë (f)	[disiplínə]
infração (f)	thyerje rregullash (f)	[θýɛrjɛ régułaʃ]

violar (as regras)	thyej rregullat	[θýɛj régułat]
greve (f)	grevë (f)	[grévə]
grevista (m)	grevist (m)	[grɛvíst]
estar em greve	jam në grevë	[jam nə grévə]
sindicato (m)	sindikatë punëtorësh (f)	[sindikátə punətórəʃ]
inventar (vt)	shpik	[ʃpik]
invenção (f)	shpikje (f)	[ʃpíkjɛ]
pesquisa (f)	kërkim (m)	[kərkím]
melhorar (vt)	përmirësoj	[pərmirəsój]
tecnologia (f)	teknologji (f)	[tɛknoloɟí]
desenho (m) técnico	vizatim teknik (m)	[vizatím tɛkník]
carga (f)	ngarkesë (f)	[ŋarkésə]
carregador (m)	ngarkues (m)	[ŋarkúɛs]
carregar (vt)	ngarkoj	[ŋarkój]
carregamento (m)	ngarkimi	[ŋarkími]
descarregar (vt)	shkarkoj	[ʃkarkój]
descarga (f)	shkarkim (m)	[ʃkarkím]
transporte (m)	transport (m)	[transpórt]
companhia (f) de transporte	agjenci transporti (f)	[aɟɛntsí transpórti]
transportar (vt)	transportoj	[transportój]
vagão (m) de carga	vagon mallrash (m)	[vagón máłraʃ]
cisterna (f)	cisternë (f)	[tsistérnə]
camião (m)	kamion (m)	[kamión]
máquina-ferramenta (f)	makineri veglash (f)	[makinɛrí vɛgláʃ]
mecanismo (m)	mekanizëm (m)	[mɛkanízəm]
resíduos (m pl) industriais	mbetje industriale (f)	[mbétjɛ industriálɛ]
embalagem (f)	paketim (m)	[pakɛtím]
embalar (vt)	paketoj	[pakɛtój]

73. Contrato. Acordo

contrato (m)	kontratë (f)	[kontrátə]
acordo (m)	marrëveshje (f)	[marəvéʃjɛ]
adenda (f), anexo (m)	shtojcë (f)	[ʃtójtsə]
assinar o contrato	nënshkruaj një kontratë	[nənʃkrúaj ɲə kontrátə]
assinatura (f)	nënshkrim (m)	[nənʃkrím]
assinar (vt)	nënshkruaj	[nənʃkrúaj]
carimbo (m)	vulë (f)	[vúlə]
objeto (m) do contrato	objekt i kontratës (m)	[objékt i kontrátəs]
cláusula (f)	kusht (m)	[kuʃt]
partes (f pl)	palët (m)	[pálət]
morada (f) jurídica	adresa zyrtare (f)	[adrésa zyrtárɛ]
violar o contrato	mosrespektim kontrate	[mosrɛspɛktím kontrátɛ]
obrigação (f)	detyrim (m)	[dɛtyrím]
responsabilidade (f)	përgjegjësi (f)	[pərɟɛɟəsí]

força (f) maior — forcë madhore (f) — [fórtsə maðórɛ]
litígio (m), disputa (f) — mosmarrëveshje (f) — [mosmarəvéʃjɛ]
multas (f pl) — ndëshkime (pl) — [ndəʃkímɛ]

74. Importação & Exportação

importação (f) — import (m) — [impórt]
importador (m) — importues (m) — [importúɛs]
importar (vt) — importoj — [importój]
de importação — i importuar — [i importúar]

exportação (f) — eksport (m) — [ɛksport]
exportador (m) — eksportues (m) — [ɛksportúɛs]
exportar (vt) — eksportoj — [ɛksportój]
de exportação — i eksportuar — [i ɛksportúar]

mercadoria (f) — mallra (pl) — [máɫra]
lote (de mercadorias) — ngarkesë (f) — [ŋarkésə]

peso (m) — peshë (f) — [péʃə]
volume (m) — vëllim (m) — [vəɫím]
metro (m) cúbico — metër kub (m) — [métər kúb]

produtor (m) — prodhues (m) — [proðúɛs]
companhia (f) de transporte — agjenci transporti (f) — [aɟɛntsí transpórti]
contentor (m) — kontejner (m) — [kontɛjnér]

fronteira (f) — kufi (m) — [kufí]
alfândega (f) — doganë (f) — [dogánə]
taxa (f) alfandegária — taksë doganore (f) — [táksə doganórɛ]
funcionário (m) da alfândega — doganier (m) — [doganiér]
contrabando (atividade) — trafikim (m) — [trafikím]
contrabando (produtos) — kontrabandë (f) — [kontrabándə]

75. Finanças

ação (f) — stok (m) — [stok]
obrigação (f) — certifikatë valutore (f) — [tsɛrtifikátə valutórɛ]
nota (f) promissória — letër me vlerë (f) — [létər mɛ vlérə]

bolsa (f) — bursë (f) — [búrsə]
cotação (m) das ações — çmimi i stokut (m) — [tʃmími i stókut]

tornar-se mais barato — ulet — [úlɛt]
tornar-se mais caro — rritet — [rítɛt]

parte (f) — kuotë (f) — [kuótə]
participação (f) maioritária — përqindje kontrolluese (f) — [pərcíndjɛ kontroɫúɛsɛ]

investimento (m) — investim (m) — [invɛstím]
investir (vt) — investoj — [invɛstój]
percentagem (f) — përqindje (f) — [pərcíndjɛ]

juros (m pl)	interes (m)	[intɛrés]
lucro (m)	fitim (m)	[fitím]
lucrativo	fitimprurës	[fitimprúrəs]
imposto (m)	taksë (f)	[táksə]
divisa (f)	valutë (f)	[valútə]
nacional	kombëtare	[kombətárɛ]
câmbio (m)	këmbim valute (m)	[kəmbím valútɛ]
contabilista (m)	kontabilist (m)	[kontabilíst]
contabilidade (f)	kontabilitet (m)	[kontabilitét]
bancarrota (f)	falimentim (m)	[falimɛntím]
falência (f)	kolaps (m)	[koláps]
ruína (f)	rrënim (m)	[rəním]
arruinar-se (vr)	rrënohem	[rənóhɛm]
inflação (f)	inflacion (m)	[inflatsión]
desvalorização (f)	zhvlerësim (m)	[ʒvlɛrəsím]
capital (m)	kapital (m)	[kapitál]
rendimento (m)	të ardhura (f)	[tə árðura]
volume (m) de negócios	qarkullim (m)	[carkuɫím]
recursos (m pl)	burime (f)	[burímɛ]
recursos (m pl) financeiros	burime monetare (f)	[burímɛ monɛtárɛ]
despesas (f pl) gerais	shpenzime bazë (f)	[ʃpɛnzímɛ bázə]
reduzir (vt)	zvogëloj	[zvogəlój]

76. Marketing

marketing (m)	marketing (m)	[markɛtíŋ]
mercado (m)	treg (m)	[trɛg]
segmento (m) do mercado	segment tregu (m)	[sɛgmént trégu]
produto (m)	produkt (m)	[prodúkt]
mercadoria (f)	mallra (pl)	[máɫra]
marca (f)	markë (f)	[márkə]
marca (f) comercial	markë tregtare (f)	[márkə trɛgtárɛ]
logotipo (m)	logo (f)	[lógo]
logo (m)	logo (f)	[lógo]
demanda (f)	kërkesë (f)	[kərkésə]
oferta (f)	furnizim (m)	[furnizím]
necessidade (f)	nevojë (f)	[nɛvójə]
consumidor (m)	konsumator (m)	[konsumatór]
análise (f)	analizë (f)	[analízə]
analisar (vt)	analizoj	[analizój]
posicionamento (m)	vendosje (f)	[vɛndósjɛ]
posicionar (vt)	vendos	[vɛndós]
preço (m)	çmim (m)	[tʃmím]
política (f) de preços	politikë e çmimeve (f)	[politíkɛ ɛ tʃmímɛvɛ]
formação (f) de preços	formim i çmimit (m)	[formím i tʃmímit]

77. Publicidade

publicidade (f)	reklamë (f)	[rɛklámə]
publicitar (vt)	reklamoj	[rɛklamój]
orçamento (m)	buxhet (m)	[budʒét]

anúncio (m) publicitário	reklamë (f)	[rɛklámə]
publicidade (f) televisiva	reklamë televizive (f)	[rɛklámə tɛlɛvizívɛ]
publicidade (f) na rádio	reklamë në radio (f)	[rɛklámə nə rádio]
publicidade (f) exterior	reklamë ambientale (f)	[rɛklámə ambiɛntálɛ]

meios (m pl) de comunicação social	masmedia (f)	[masmédia]
periódico (m)	botim periodik (m)	[botím pɛriodík]
imagem (f)	imazh (m)	[imáʒ]

slogan (m)	slogan (m)	[slogán]
mote (m), divisa (f)	moto (f)	[móto]

campanha (f)	fushatë (f)	[fuʃátə]
companha (f) publicitária	fushatë reklamuese (f)	[fuʃátə rɛklamúɛsɛ]
grupo (m) alvo	grup i synuar (m)	[grup i synúar]

cartão (m) de visita	kartëvizitë (f)	[kartəvizítə]
flyer (m)	fletëpalosje (f)	[flɛtəpalósjɛ]
brochura (f)	broshurë (f)	[broʃúrə]
folheto (m)	pamflet (m)	[pamflét]
boletim (~ informativo)	buletin (m)	[bulɛtín]

letreiro (m)	tabelë (f)	[tabélə]
cartaz, póster (m)	poster (m)	[postér]
painel (m) publicitário	tabelë reklamash (f)	[tabélə rɛklámaʃ]

78. Banca

banco (m)	bankë (f)	[bánkə]
sucursal, balcão (f)	degë (f)	[dégə]

consultor (m)	punonjës banke (m)	[punóɲəs bánkɛ]
gerente (m)	drejtor (m)	[drɛjtór]

conta (f)	llogari bankare (f)	[ɫogarí bankárɛ]
número (m) da conta	numër llogarie (m)	[númər ɫogaríɛ]
conta (f) corrente	llogari rrjedhëse (f)	[ɫogarí rjéðəsɛ]
conta (f) poupança	llogari kursimesh (f)	[ɫogarí kursímɛʃ]

abrir uma conta	hap një llogari	[hap ɲə ɫogarí]
fechar uma conta	mbyll një llogari	[mbýɫ ɲə ɫogarí]
depositar na conta	depozitoj në llogari	[dɛpozitój nə ɫogarí]
levantar (vt)	tërheq	[tərhéc]

depósito (m)	depozitë (f)	[dɛpozítə]
fazer um depósito	kryej një depozitim	[krýɛj ɲə dɛpozitím]

transferência (f) bancária	transfer bankar (m)	[transfér bankár]
transferir (vt)	transferoj para	[transferój pará]
soma (f)	shumë (f)	[ʃúmə]
Quanto?	Sa?	[sa?]
assinatura (f)	nënshkrim (m)	[nənʃkrím]
assinar (vt)	nënshkruaj	[nənʃkrúaj]
cartão (m) de crédito	kartë krediti (f)	[kártə krədíti]
código (m)	kodi PIN (m)	[kódi pin]
número (m) do cartão de crédito	numri i kartës së kreditit (m)	[númri i kártəs sə krədítit]
Caixa Multibanco (m)	bankomat (m)	[bankomát]
cheque (m)	çek (m)	[tʃɛk]
passar um cheque	lëshoj një çek	[ləʃój ɲə tʃék]
livro (m) de cheques	bllok çeqesh (m)	[bɫók tʃécɛʃ]
empréstimo (m)	kredi (f)	[krɛdí]
pedir um empréstimo	aplikoj për kredi	[aplikój pər krɛdí]
obter um empréstimo	marr kredi	[mar krɛdí]
conceder um empréstimo	jap kredi	[jap krɛdí]
garantia (f)	garanci (f)	[garantsí]

79. Telefone. Conversação telefónica

telefone (m)	telefon (m)	[tɛlɛfón]
telemóvel (m)	celular (m)	[tsɛlulár]
secretária (f) electrónica	sekretari telefonike (f)	[sɛkrɛtarí tɛlɛfoníkɛ]
fazer uma chamada	telefonoj	[tɛlɛfonój]
chamada (f)	telefonatë (f)	[tɛlɛfonátə]
marcar um número	i bie numrit	[i bíɛ númrit]
Alô!	Përshëndetje!	[pərʃəndétjɛ!]
perguntar (vt)	pyes	[pýɛs]
responder (vt)	përgjigjem	[pərɟíɟɛm]
ouvir (vt)	dëgjoj	[dəɟój]
bem	mirë	[mírə]
mal	jo mirë	[jo mírə]
ruído (m)	zhurmë (f)	[ʒúrmə]
auscultador (m)	marrës (m)	[márəs]
pegar o telefone	ngre telefonin	[ŋré tɛlɛfónin]
desligar (vi)	mbyll telefonin	[mbýɫ tɛlɛfónin]
ocupado	i zënë	[i zə́nə]
tocar (vi)	bie zilja	[bíɛ zílja]
lista (f) telefónica	numerator telefonik (m)	[numɛratór tɛlɛfoník]
local	lokale	[lokálɛ]
chamada (f) local	thirrje lokale (f)	[θírjɛ lokálɛ]

para outra cidade	distancë e largët	[distántsə ɛ lárgət]
chamada (f) para outra cidade	thirrje në distancë (f)	[θírjɛ nə distántsə]
internacional	ndërkombëtar	[ndərkombətár]
chamada (f) internacional	thirrje ndërkombëtare (f)	[θírjɛ ndərkombətárɛ]

80. Telefone móvel

telemóvel (m)	celular (m)	[tsɛlulár]
ecrã (m)	ekran (m)	[ɛkrán]
botão (m)	buton (m)	[butón]
cartão SIM (m)	karta SIM (m)	[kárta sim]
bateria (f)	bateri (f)	[batɛrí]
descarregar-se	e shkarkuar	[ɛ ʃkarkúar]
carregador (m)	karikues (m)	[karikúɛs]
menu (m)	menu (f)	[mɛnú]
definições (f pl)	parametra (f)	[paramétra]
melodia (f)	melodi (f)	[mɛlodí]
escolher (vt)	përzgjedh	[pərzɟéð]
calculadora (f)	makinë llogaritëse (f)	[makínə ɫogarítəsɛ]
correio (m) de voz	postë zanore (f)	[póstə zanórɛ]
despertador (m)	alarm (m)	[alárm]
contatos (m pl)	kontakte (pl)	[kontáktɛ]
mensagem (f) de texto	SMS (m)	[ɛsɛmɛs]
assinante (m)	abonent (m)	[abonént]

81. Estacionário

caneta (f)	stilolaps (m)	[stiloláps]
caneta (f) tinteiro	stilograf (m)	[stilográf]
lápis (m)	laps (m)	[láps]
marcador (m)	shënjues (m)	[ʃəɲúɛs]
caneta (f) de feltro	tushë me bojë (f)	[túʃə mɛ bójə]
bloco (m) de notas	bllok shënimesh (m)	[bɫók ʃənímɛʃ]
agenda (f)	agjendë (f)	[aɟéndə]
régua (f)	vizore (f)	[vizórɛ]
calculadora (f)	makinë llogaritëse (f)	[makínə ɫogarítəsɛ]
borracha (f)	gomë (f)	[gómə]
pionés (m)	pineskë (f)	[pinéskə]
clipe (m)	kapëse fletësh (f)	[kápəsɛ flétəʃ]
cola (f)	ngjitës (m)	[ɲɟítəs]
agrafador (m)	ngjitës metalik (m)	[ɲɟítəs mɛtalík]
furador (m)	hapës vrimash (m)	[hápəs vrímaʃ]
afia-lápis (m)	mprehëse lapsash (m)	[mpréhəsɛ lápsaʃ]

82. Tipos de negócios

serviços (m pl) de contabilidade	kontabilitet (m)	[kontabilitét]
publicidade (f)	reklamë (f)	[rɛklámə]
agência (f) de publicidade	agjenci reklamash (f)	[aɟɛntsí rɛklámaʃ]
ar condicionado (m)	kondicioner (m)	[konditsionér]
companhia (f) aérea	kompani ajrore (f)	[kompaní ajrórɛ]
bebidas (f pl) alcoólicas	pije alkoolike (pl)	[píjɛ alkoólikɛ]
comércio (m) de antiguidades	antikitete (pl)	[antikitétɛ]
galeria (f) de arte	galeri e artit (f)	[galɛrí ɛ ártit]
serviços (m pl) de auditoria	shërbime auditimi (pl)	[ʃərbímɛ auditími]
negócios (m pl) bancários	industri bankare (f)	[industrí bankárɛ]
bar (m)	lokal (m)	[lokál]
salão (m) de beleza	sallon bukurie (m)	[saɫón bukuríɛ]
livraria (f)	librari (f)	[librarí]
cervejaria (f)	birrari (f)	[birarí]
centro (m) de escritórios	qendër biznesi (f)	[céndər biznési]
escola (f) de negócios	shkollë biznesi (f)	[ʃkóɫə biznési]
casino (m)	kazino (m)	[kazíno]
construção (f)	ndërtim (m)	[ndərtím]
serviços (m pl) de consultoria	konsulencë (f)	[konsuléntsə]
estomatologia (f)	klinikë dentare (f)	[kliníkə dɛntárɛ]
design (m)	dizajn (m)	[dizájn]
farmácia (f)	farmaci (f)	[farmatsí]
lavandaria (f)	pastrim kimik (m)	[pastrím kimík]
agência (f) de emprego	agjenci punësimi (f)	[aɟɛntsí punəsími]
serviços (m pl) financeiros	shërbime financiare (pl)	[ʃərbímɛ finantsiárɛ]
alimentos (m pl)	mallra ushqimore (f)	[máɫra uʃcimórɛ]
agência (f) funerária	agjenci funeralesh (f)	[aɟɛntsí funɛrálɛʃ]
mobiliário (m)	orendi (f)	[orɛndí]
roupa (f)	rroba (f)	[róba]
hotel (m)	hotel (m)	[hotél]
gelado (m)	akullore (f)	[akuɫórɛ]
indústria (f)	industri (f)	[industrí]
seguro (m)	sigurim (m)	[sigurím]
internet (f)	internet (m)	[intɛrnét]
investimento (m)	investim (m)	[invɛstím]
joalheiro (m)	argjendar (m)	[arɟɛndár]
joias (f pl)	bizhuteri (f)	[biʒutɛrí]
lavandaria (f)	lavanteri (f)	[lavantɛrí]
serviços (m pl) jurídicos	këshilltar ligjor (m)	[kəʃiɫtár liɟór]
indústria (f) ligeira	industri e lehtë (f)	[industrí ɛ léhtə]
revista (f)	revistë (f)	[rɛvístə]
vendas (f pl) por catálogo	shitje me katalog (f)	[ʃítjɛ mɛ katalóg]
medicina (f)	mjekësi (f)	[mjɛkəsí]
cinema (m)	kinema (f)	[kinɛmá]

museu (m)	muze (m)	[muzé]
agência (f) de notícias	agjenci lajmesh (f)	[aɟɛntsí lájmɛʃ]
jornal (m)	gazetë (f)	[gazétə]
clube (m) noturno	klub nate (m)	[klúb nátɛ]
petróleo (m)	naftë (f)	[náftə]
serviço (m) de encomendas	shërbime postare (f)	[ʃərbímɛ postárɛ]
indústria (f) farmacêutica	industria farmaceutike (f)	[industría farmatsɛutíkɛ]
poligrafia (f)	shtyp (m)	[ʃtyp]
editora (f)	shtëpi botuese (f)	[ʃtəpí botúɛsɛ]
rádio (m)	radio (f)	[rádio]
imobiliário (m)	patundshmëri (f)	[patundʃmərí]
restaurante (m)	restorant (m)	[rɛstoránt]
empresa (f) de segurança	kompani sigurimi (f)	[kompaní sigurími]
desporto (m)	sport (m)	[sport]
bolsa (f)	bursë (f)	[búrsə]
loja (f)	dyqan (m)	[dycán]
supermercado (m)	supermarket (m)	[supɛrmarkét]
piscina (f)	pishinë (f)	[piʃínə]
alfaiataria (f)	rrobaqepësi (f)	[robacɛpəsí]
televisão (f)	televizor (m)	[tɛlɛvizór]
teatro (m)	teatër (m)	[tɛátər]
comércio (atividade)	tregti (f)	[trɛgtí]
serviços (m pl) de transporte	transport (m)	[transpórt]
viagens (m pl)	udhëtim (m)	[uðətím]
veterinário (m)	veteriner (m)	[vɛtɛrinér]
armazém (m)	magazinë (f)	[magazínə]
recolha (f) do lixo	mbledhja e mbeturinave (f)	[mbléðja ɛ mbɛturínavɛ]

Emprego. Negócios. Parte 2

83. Espetáculo. Feira

feira (f)	ekspozitë (f)	[ɛkspozítə]
feira (f) comercial	panair (m)	[panaír]
participação (f)	pjesëmarrje (f)	[pjɛsəmárjɛ]
participar (vi)	marr pjesë	[mar pjésə]
participante (m)	pjesëmarrës (m)	[pjɛsəmárəs]
diretor (m)	drejtor (m)	[drɛjtór]
direção (f)	zyra drejtuese (f)	[zýra drɛjtúɛsɛ]
organizador (m)	organizator (m)	[organizatór]
organizar (vt)	organizoj	[organizój]
ficha (f) de inscrição	kërkesë për pjesëmarrje (f)	[kərkésə pər pjɛsəmárjɛ]
preencher (vt)	plotësoj	[plotəsój]
detalhes (m pl)	hollësi (pl)	[hotəsí]
informação (f)	informacion (m)	[informatsión]
preço (m)	çmim (m)	[tʃmím]
incluindo	përfshirë	[pərfʃírə]
incluir (vt)	përfshij	[pərfʃíj]
pagar (vt)	paguaj	[pagúaj]
taxa (f) de inscrição	taksa e regjistrimit (f)	[táksa ɛ rɛɟistrímit]
entrada (f)	hyrje (f)	[hýrjɛ]
pavilhão (m)	pavijon (m)	[pavijón]
inscrever (vt)	regjistroj	[rɛɟistrój]
crachá (m)	kartë identifikimi (f)	[kártə idɛntifikími]
stand (m)	kioskë (f)	[kióskə]
reservar (vt)	rezervoj	[rɛzɛrvój]
vitrina (f)	vitrinë (f)	[vitrínə]
foco, spot (m)	dritë (f)	[drítə]
design (m)	dizajn (m)	[dizájn]
pôr, colocar (vt)	vendos	[vɛndós]
pôr, colocar	vendosur	[vɛndósur]
distribuidor (m)	distributor (m)	[distributór]
fornecedor (m)	furnitor (m)	[furnitór]
fornecer (vt)	furnizoj	[furnizój]
país (m)	shtet (m)	[ʃtɛt]
estrangeiro	huaj	[húaj]
produto (m)	produkt (m)	[prodúkt]
associação (f)	shoqatë (f)	[ʃocátə]
sala (f) de conferências	sallë konference (f)	[sátə konfɛréntsɛ]

congresso (m)	kongres (m)	[koŋrés]
concurso (m)	konkurs (m)	[konkúrs]
visitante (m)	vizitor (m)	[vizitór]
visitar (vt)	vizitoj	[vizitój]
cliente (m)	klient (m)	[kliént]

84. Ciência. Investigação. Cientistas

ciência (f)	shkencë (f)	[ʃkéntsə]
científico	shkencore	[ʃkɛntsórɛ]
cientista (m)	shkencëtar (m)	[ʃkɛntsətár]
teoria (f)	teori (f)	[tɛorí]
axioma (m)	aksiomë (f)	[aksiómə]
análise (f)	analizë (f)	[analízə]
analisar (vt)	analizoj	[analizój]
argumento (m)	argument (m)	[argumént]
substância (f)	substancë (f)	[substántsə]
hipótese (f)	hipotezë (f)	[hipotézə]
dilema (m)	dilemë (f)	[dilémə]
tese (f)	disertacion (m)	[disɛrtatsión]
dogma (m)	dogma (f)	[dógma]
doutrina (f)	doktrinë (f)	[doktrínə]
pesquisa (f)	kërkim (m)	[kərkím]
pesquisar (vt)	kërkoj	[kərkój]
teste (m)	analizë (f)	[analízə]
laboratório (m)	laborator (m)	[laboratór]
método (m)	metodë (f)	[mɛtódə]
molécula (f)	molekulë (f)	[molɛkúlə]
monitoramento (m)	monitorim (m)	[monitorím]
descoberta (f)	zbulim (m)	[zbulím]
postulado (m)	postulat (m)	[postulát]
princípio (m)	parim (m)	[parím]
prognóstico (previsão)	parashikim (m)	[paraʃikím]
prognosticar (vt)	parashikoj	[paraʃikój]
síntese (f)	sintezë (f)	[sintézə]
tendência (f)	trend (m)	[trɛnd]
teorema (m)	teoremë (f)	[tɛorémə]
ensinamentos (m pl)	mësim (m)	[məsím]
facto (m)	fakt (m)	[fakt]
expedição (f)	ekspeditë (f)	[ɛkspɛdítə]
experiência (f)	eksperiment (m)	[ɛkspɛrimént]
académico (m)	akademik (m)	[akadɛmík]
bacharel (m)	baçelor (m)	[bátʃɛlor]
doutor (m)	doktor shkencash (m)	[doktór ʃkéntsaʃ]
docente (m)	Profesor i Asociuar (m)	[profɛsór i asotsiúar]

mestre (m)	**Master** (m)	[mastér]
professor (m) catedrático	**profesor** (m)	[profɛsór]

Profissões e ocupações

85. Procura de emprego. Demissão

trabalho (m)	punë (f)	[púnə]
equipa (f)	staf (m)	[staf]
pessoal (m)	personel (m)	[pɛrsonél]
carreira (f)	karrierë (f)	[kariérə]
perspetivas (f pl)	mundësi (f)	[mundəsí]
mestria (f)	aftësi (f)	[aftəsí]
seleção (f)	përzgjedhje (f)	[pərzɟéðjɛ]
agência (f) de emprego	agjenci punësimi (f)	[aɟɛntsí punəsími]
CV, currículo (m)	resume (f)	[rɛsumé]
entrevista (f) para um emprego	intervistë punësimi (f)	[intɛrvístə punəsími]
vaga (f)	vend i lirë pune (m)	[vɛnd i lírə púnɛ]
salário (m)	rrogë (f)	[rógə]
salário (m) fixo	rrogë fikse (f)	[rógə fíksɛ]
pagamento (m)	pagesë (f)	[pagésə]
posto (m)	post (m)	[post]
dever (do empregado)	detyrë (f)	[dɛtýrə]
gama (f) de deveres	lista e detyrave (f)	[lísta ɛ dɛtýravɛ]
ocupado	i zënë	[i zénə]
despedir, demitir (vt)	pushoj nga puna	[puʃój ŋa púna]
demissão (f)	pushim nga puna (m)	[puʃím ŋa púna]
desemprego (m)	papunësi (m)	[papunəsí]
desempregado (m)	i papunë (m)	[i papúnə]
reforma (f)	pension (m)	[pɛnsión]
reformar-se	dal në pension	[dál nə pɛnsión]

86. Gente de negócios

diretor (m)	drejtor (m)	[drɛjtór]
gerente (m)	drejtor (m)	[drɛjtór]
patrão, chefe (m)	bos (m)	[bos]
superior (m)	epror (m)	[ɛprór]
superiores (m pl)	eprorët (pl)	[ɛprórət]
presidente (m)	president (m)	[prɛsidént]
presidente (m) de direção	kryetar (m)	[kryɛtár]
substituto (m)	zëvendës (m)	[zəvéndəs]
assistente (m)	ndihmës (m)	[ndíhməs]

secretário (m)	sekretar (m)	[sɛkrɛtár]
secretário (m) pessoal	ndihmës personal (m)	[ndíhməs pɛrsonál]

homem (m) de negócios	biznesmen (m)	[biznɛsmén]
empresário (m)	sipërmarrës (m)	[sipərmárəs]
fundador (m)	themelues (m)	[θɛmɛlúɛs]
fundar (vt)	themeloj	[θɛmɛlój]

fundador, sócio (m)	bashkëthemelues (m)	[baʃkəθɛmɛlúɛs]
parceiro, sócio (m)	partner (m)	[partnér]
acionista (m)	aksioner (m)	[aksionér]

milionário (m)	milioner (m)	[milionér]
bilionário (m)	bilioner (m)	[bilionér]
proprietário (m)	pronar (m)	[pronár]
proprietário (m) de terras	pronar tokash (m)	[pronár tókaʃ]

cliente (m)	klient (m)	[kliént]
cliente (m) habitual	klient i rregullt (m)	[kliént i régułt]
comprador (m)	blerës (m)	[blérəs]
visitante (m)	vizitor (m)	[vizitór]

profissional (m)	profesionist (m)	[profɛsioníst]
perito (m)	ekspert (m)	[ɛkspért]
especialista (m)	specialist (m)	[spɛtsialíst]

banqueiro (m)	bankier (m)	[bankiér]
corretor (m)	komisioner (m)	[komisionér]

caixa (m, f)	arkëtar (m)	[arkətár]
contabilista (m)	kontabilist (m)	[kontabilíst]
guarda (m)	roje sigurimi (m)	[rójɛ sigurími]

investidor (m)	investitor (m)	[invɛstitór]
devedor (m)	debitor (m)	[dɛbitór]
credor (m)	kreditor (m)	[krɛditór]
mutuário (m)	huamarrës (m)	[huamárəs]

importador (m)	importues (m)	[importúɛs]
exportador (m)	eksportues (m)	[ɛksportúɛs]

produtor (m)	prodhues (m)	[proðúɛs]
distribuidor (m)	distributor (m)	[distributór]
intermediário (m)	ndërmjetës (m)	[ndərmjétəs]

consultor (m)	këshilltar (m)	[kəʃiłtár]
representante (m)	përfaqësues i shitjeve (m)	[pərfacəsúɛs i ʃitjévɛ]
agente (m)	agjent (m)	[aɟént]
agente (m) de seguros	agjent sigurimesh (m)	[aɟént sigurímɛʃ]

87. Profissões de serviços

cozinheiro (m)	kuzhinier (m)	[kuʒiniér]
cozinheiro chefe (m)	shef kuzhine (m)	[ʃɛf kuʒínɛ]

padeiro (m)	furrtar (m)	[furtár]
barman (m)	banakier (m)	[banakiér]
empregado (m) de mesa	kamerier (m)	[kamɛriér]
empregada (f) de mesa	kameriere (f)	[kamɛriérɛ]

advogado (m)	avokat (m)	[avokát]
jurista (m)	jurist (m)	[jurίst]
notário (m)	noter (m)	[notér]

eletricista (m)	elektricist (m)	[ɛlɛktritsίst]
canalizador (m)	hidraulik (m)	[hidraulίk]
carpinteiro (m)	marangoz (m)	[maraŋóz]

massagista (m)	masazhist (m)	[masaʒίst]
massagista (f)	masazhiste (f)	[masaʒίstɛ]
médico (m)	mjek (m)	[mjék]

taxista (m)	shofer taksie (m)	[ʃofér taksίɛ]
condutor (automobilista)	shofer (m)	[ʃofér]
entregador (m)	postier (m)	[postiér]

camareira (f)	pastruese (f)	[pastrúɛsɛ]
guarda (m)	roje sigurimi (m)	[rójɛ sigurίmi]
hospedeira (f) de bordo	stjuardesë (f)	[stjuardésə]

professor (m)	mësues (m)	[məsúɛs]
bibliotecário (m)	punonjës biblioteke (m)	[punóɲəs bibliotékɛ]
tradutor (m)	përkthyes (m)	[pərkθýɛs]
intérprete (m)	përkthyes (m)	[pərkθýɛs]
guia (pessoa)	udhërrëfyes (m)	[uðərəfýɛs]

cabeleireiro (m)	parukiere (f)	[parukiérɛ]
carteiro (m)	postier (m)	[postiér]
vendedor (m)	shitës (m)	[ʃίtəs]

jardineiro (m)	kopshtar (m)	[kopʃtár]
criado (m)	shërbëtor (m)	[ʃərbətór]
criada (f)	shërbëtore (f)	[ʃərbətórɛ]
empregada (f) de limpeza	pastruese (f)	[pastrúɛsɛ]

88. Profissões militares e postos

soldado (m) raso	ushtar (m)	[uʃtár]
sargento (m)	rreshter (m)	[rɛʃtér]
tenente (m)	toger (m)	[togér]
capitão (m)	kapiten (m)	[kapitén]

major (m)	major (m)	[majór]
coronel (m)	kolonel (m)	[kolonél]
general (m)	gjeneral (m)	[ɟenɛrál]
marechal (m)	marshall (m)	[marʃáɫ]
almirante (m)	admiral (m)	[admirál]
militar (m)	ushtri (f)	[uʃtrί]
soldado (m)	ushtar (m)	[uʃtár]

| oficial (m) | oficer (m) | [ofitsér] |
| comandante (m) | komandant (m) | [komandánt] |

guarda (m) fronteiriço	roje kufiri (m)	[rójɛ kufíri]
operador (m) de rádio	radist (m)	[radíst]
explorador (m)	eksplorues (m)	[ɛksplorúɛs]
sapador (m)	xhenier (m)	[dʒɛniér]
atirador (m)	shënjues (m)	[ʃəɲúɛs]
navegador (m)	navigues (m)	[navigúɛs]

89. Oficiais. Padres

| rei (m) | mbret (m) | [mbrét] |
| rainha (f) | mbretëreshë (f) | [mbrɛtəréʃə] |

| príncipe (m) | princ (m) | [prints] |
| princesa (f) | princeshë (f) | [printséʃə] |

| czar (m) | car (m) | [tsár] |
| czarina (f) | carina (f) | [tsarína] |

presidente (m)	president (m)	[prɛsidént]
ministro (m)	ministër (m)	[minístər]
primeiro-ministro (m)	kryeministër (m)	[kryɛminístər]
senador (m)	senator (m)	[sɛnatór]

diplomata (m)	diplomat (m)	[diplomát]
cônsul (m)	konsull (m)	[kónsuɫ]
embaixador (m)	ambasador (m)	[ambasadór]
conselheiro (m)	këshilltar diplomatik (m)	[kəʃiɫtár diplomatík]

funcionário (m)	zyrtar (m)	[zyrtár]
prefeito (m)	prefekt (m)	[prɛfékt]
Presidente (m) da Càmara	kryetar komune (m)	[kryɛtár komúnɛ]

| juiz (m) | gjykatës (m) | [ɟykátəs] |
| procurador (m) | prokuror (m) | [prokurór] |

missionário (m)	misionar (m)	[misionár]
monge (m)	murg (m)	[murg]
abade (m)	abat (m)	[abát]
rabino (m)	rabin (m)	[rabín]

vizir (m)	vezir (m)	[vɛzír]
xá (m)	shah (m)	[ʃah]
xeque (m)	sheik (m)	[ʃéik]

90. Profissões agrícolas

apicultor (m)	bletar (m)	[blɛtár]
pastor (m)	bari (m)	[barí]
agrónomo (m)	agronom (m)	[agronóm]

| criador (m) de gado | rritës bagëtish (m) | [rítəs bagətíʃ] |
| veterinário (m) | veteriner (m) | [vɛtɛrinér] |

agricultor (m)	fermer (m)	[fɛrmér]
vinicultor (m)	prodhues verërash (m)	[proðúɛs vérəraʃ]
zoólogo (m)	zoolog (m)	[zoológ]
cowboy (m)	lopar (m)	[lopár]

91. Profissões artísticas

| ator (m) | aktor (m) | [aktór] |
| atriz (f) | aktore (f) | [aktórɛ] |

| cantor (m) | këngëtar (m) | [kəŋətár] |
| cantora (f) | këngëtare (f) | [kəŋətárɛ] |

| bailarino (m) | valltar (m) | [vaɫtár] |
| bailarina (f) | valltare (f) | [vaɫtárɛ] |

| artista (m) | artist (m) | [artíst] |
| artista (f) | artiste (f) | [artístɛ] |

músico (m)	muzikant (m)	[muzikánt]
pianista (m)	pianist (m)	[pianíst]
guitarrista (m)	kitarist (m)	[kitaríst]

maestro (m)	dirigjent (m)	[diriɟént]
compositor (m)	kompozitor (m)	[kompozitór]
empresário (m)	organizator (m)	[organizatór]

realizador (m)	regjisor (m)	[rɛɟisór]
produtor (m)	producent (m)	[produtsént]
argumentista (m)	skenarist (m)	[skɛnaríst]
crítico (m)	kritik (m)	[kritík]

escritor (m)	shkrimtar (m)	[ʃkrimtár]
poeta (m)	poet (m)	[poét]
escultor (m)	skulptor (m)	[skulptór]
pintor (m)	piktor (m)	[piktór]

malabarista (m)	zhongler (m)	[ʒoŋlér]
palhaço (m)	kloun (m)	[kloún]
acrobata (m)	akrobat (m)	[akrobát]
mágico (m)	magjistar (m)	[maɟistár]

92. Várias profissões

médico (m)	mjek (m)	[mjék]
enfermeira (f)	infermiere (f)	[infɛrmiérɛ]
psiquiatra (m)	psikiatër (m)	[psikiátər]
estomatologista (m)	dentist (m)	[dɛntíst]
cirurgião (m)	kirurg (m)	[kirúrg]

astronauta (m)	astronaut (m)	[astronaút]
astrónomo (m)	astronom (m)	[astronóm]
piloto (m)	pilot (m)	[pilót]
motorista (m)	shofer (m)	[ʃofér]
maquinista (m)	makinist (m)	[makiníst]
mecànico (m)	mekanik (m)	[mɛkaník]
mineiro (m)	minator (m)	[minatór]
operário (m)	punëtor (m)	[punətór]
serralheiro (m)	bravandreqës (m)	[bravandrécəs]
marceneiro (m)	marangoz (m)	[maraŋóz]
torneiro (m)	tornitor (m)	[tornitór]
construtor (m)	punëtor ndërtimi (m)	[punətór ndərtími]
soldador (m)	saldator (m)	[saldatór]
professor (m) catedrático	profesor (m)	[profɛsór]
arquiteto (m)	arkitekt (m)	[arkitékt]
historiador (m)	historian (m)	[historián]
cientista (m)	shkencëtar (m)	[ʃkɛntsətár]
físico (m)	fizikant (m)	[fizikánt]
químico (m)	kimist (m)	[kimíst]
arqueólogo (m)	arkeolog (m)	[arkɛológ]
geólogo (m)	gjeolog (m)	[ɟɛológ]
pesquisador (cientista)	studiues (m)	[studiúɛs]
babysitter (f)	dado (f)	[dádo]
professor (m)	mësues (m)	[məsúɛs]
redator (m)	redaktor (m)	[rɛdaktór]
redator-chefe (m)	kryeredaktor (m)	[kryɛrɛdaktór]
correspondente (m)	korrespondent (m)	[korɛspondént]
datilógrafa (f)	daktilografiste (f)	[daktilografístɛ]
designer (m)	projektues (m)	[projɛktúɛs]
especialista (m) em informática	ekspert kompjuterësh (m)	[ɛkspért kompjutérəʃ]
programador (m)	programues (m)	[programúɛs]
engenheiro (m)	inxhinier (m)	[indʒiniér]
marujo (m)	marinar (m)	[marinár]
marinheiro (m)	marinar (m)	[marinár]
salvador (m)	shpëtimtar (m)	[ʃpətimtár]
bombeiro (m)	zjarrfikës (m)	[zjarfíkəs]
polícia (m)	polic (m)	[políts]
guarda-noturno (m)	roje (f)	[rójɛ]
detetive (m)	detektiv (m)	[dɛtɛktív]
funcionário (m) da alfândega	doganier (m)	[doganiér]
guarda-costas (m)	truprojë (f)	[truprójə]
guarda (m) prisional	gardian burgu (m)	[gardián búrgu]
inspetor (m)	inspektor (m)	[inspɛktór]
desportista (m)	sportist (m)	[sportíst]
treinador (m)	trajner (m)	[trajnér]

talhante (m)	kasap (m)	[kasáp]
sapateiro (m)	këpucëtar (m)	[kəputsətár]
comerciante (m)	tregtar (m)	[trɛgtár]
carregador (m)	ngarkues (m)	[ŋarkúɛs]
estilista (m)	stilist (m)	[stilíst]
modelo (f)	modele (f)	[modélɛ]

93. Ocupações. Estatuto social

aluno, escolar (m)	nxënës (m)	[ndzénəs]
estudante (~ universitária)	student (m)	[studént]
filósofo (m)	filozof (m)	[filozóf]
economista (m)	ekonomist (m)	[ɛkonomíst]
inventor (m)	shpikës (m)	[ʃpíkəs]
desempregado (m)	i papunë	[i papúnə]
reformado (m)	pensionist (m)	[pɛnsioníst]
espião (m)	spiun (m)	[spiún]
preso (m)	i burgosur (m)	[i burgósuɾ]
grevista (m)	grevist (m)	[grɛvíst]
burocrata (m)	burokrat (m)	[burokrát]
viajante (m)	udhëtar (m)	[uðətár]
homossexual (m)	homoseksual (m)	[homosɛksuál]
hacker (m)	haker (m)	[hakéɾ]
hippie	hipik (m)	[hipík]
bandido (m)	bandit (m)	[bandít]
assassino (m) a soldo	vrasës (m)	[vrásəs]
toxicodependente (m)	narkoman (m)	[narkomán]
traficante (m)	trafikant droge (m)	[trafikánt drógɛ]
prostituta (f)	prostitutë (f)	[prostitútə]
chulo (m)	tutor (m)	[tutóɾ]
bruxo (m)	magjistar (m)	[maɟistáɾ]
bruxa (f)	shtrigë (f)	[ʃtrígə]
pirata (m)	pirat (m)	[pirát]
escravo (m)	skllav (m)	[skɫav]
samurai (m)	samurai (m)	[samurái]
selvagem (m)	i egër (m)	[i égəɾ]

Educação

94. Escola

escola (f)	shkollë (f)	[ʃkótə]
diretor (m) de escola	drejtor shkolle (m)	[drɛjtór ʃkótɛ]

aluno (m)	nxënës (m)	[ndzénəs]
aluna (f)	nxënëse (f)	[ndzénəsɛ]
escolar (m)	nxënës (m)	[ndzénəs]
escolar (f)	nxënëse (f)	[ndzénəsɛ]

ensinar (vt)	jap mësim	[jap məsím]
aprender (vt)	mësoj	[məsój]
aprender de cor	mësoj përmendësh	[məsój pərméndəʃ]

estudar (vi)	mësoj	[məsój]
andar na escola	jam në shkollë	[jam nə ʃkótə]
ir â escola	shkoj në shkollë	[ʃkoj nə ʃkótə]

alfabeto (m)	alfabet (m)	[alfabét]
disciplina (f)	lëndë (f)	[léndə]

sala (f) de aula	klasë (f)	[klásə]
lição (f)	mësim (m)	[məsím]
recreio (m)	pushim (m)	[puʃím]
toque (m)	zile e shkollës (f)	[zílɛ ɛ ʃkótəs]
carteira (f)	bankë e shkollës (f)	[bánkə ɛ ʃkótəs]
quadro (m) negro	tabelë e zezë (f)	[tabélə ɛ zézə]

nota (f)	notë (f)	[nótə]
boa nota (f)	notë e mirë (f)	[nótə ɛ mírə]
nota (f) baixa	notë e keqe (f)	[nótə ɛ kécɛ]
dar uma nota	vendos notë	[vɛndós nótə]

erro (m)	gabim (m)	[gabím]
fazer erros	bëj gabime	[bəj gabímɛ]
corrigir (vt)	korrigjoj	[koriɟój]
cábula (f)	kopje (f)	[kópjɛ]

dever (m) de casa	detyrë shtëpie (f)	[dɛtýrə ʃtəpíɛ]
exercício (m)	ushtrim (m)	[uʃtrím]

estar presente	jam prezent	[jam prɛzént]
estar ausente	mungoj	[muŋój]
faltar âs aulas	mungoj në shkollë	[muŋój nə ʃkótə]

punir (vt)	ndëshkoj	[ndəʃkój]
punição (f)	ndëshkim (m)	[ndəʃkím]
comportamento (m)	sjellje (f)	[sjétjɛ]

boletim (m) escolar	dëftesë (f)	[dəftésə]
lápis (m)	laps (m)	[láps]
borracha (f)	gomë (f)	[gómə]
giz (m)	shkumës (m)	[ʃkúməs]
estojo (m)	portofol lapsash (m)	[portofól lápsaʃ]
pasta (f) escolar	çantë shkolle (f)	[tʃántə ʃkóɫɛ]
caneta (f)	stilolaps (m)	[stiloláps]
caderno (m)	fletore (f)	[flɛtórɛ]
manual (m) escolar	tekst mësimor (m)	[tɛkst məsimór]
compasso (m)	kompas (m)	[kompás]
traçar (vt)	vizatoj	[vizatój]
desenho (m) técnico	vizatim teknik (m)	[vizatím tɛkník]
poesia (f)	poezi (f)	[poɛzí]
de cor	përmendësh	[pərméndəʃ]
aprender de cor	mësoj përmendësh	[məsój pərméndəʃ]
férias (f pl)	pushimet e shkollës (m)	[puʃímɛt ɛ ʃkóɫəs]
estar de férias	jam me pushime	[jam mɛ puʃímɛ]
passar as férias	kaloj pushimet	[kalój puʃímɛt]
teste (m)	test (m)	[tɛst]
composição, redação (f)	ese (f)	[ɛsé]
ditado (m)	diktim (m)	[diktím]
exame (m)	provim (m)	[provím]
fazer exame	kam provim	[kam provím]
experiência (~ química)	eksperiment (m)	[ɛkspɛrimént]

95. Colégio. Universidade

academia (f)	akademi (f)	[akadɛmí]
universidade (f)	universitet (m)	[univɛrsitét]
faculdade (f)	fakultet (m)	[fakultét]
estudante (m)	student (m)	[studént]
estudante (f)	studente (f)	[studéntɛ]
professor (m)	pedagog (m)	[pɛdagóg]
sala (f) de palestras	auditor (m)	[auditór]
graduado (m)	i diplomuar (m)	[i diplomúar]
diploma (m)	diplomë (f)	[diplómə]
tese (f)	disertacion (m)	[disɛrtatsión]
estudo (obra)	studim (m)	[studím]
laboratório (m)	laborator (m)	[laboratór]
palestra (f)	leksion (m)	[lɛksión]
colega (m) de curso	shok kursi (m)	[ʃok kúrsi]
bolsa (f) de estudos	bursë (f)	[búrsə]
grau (m) académico	diplomë akademike (f)	[diplómə akadɛmíkɛ]

96. Ciências. Disciplinas

matemática (f)	matematikë (f)	[matɛmatíkə]
álgebra (f)	algjebër (f)	[alʝébər]
geometria (f)	gjeometri (f)	[ʝɛomɛtrí]

astronomia (f)	astronomi (f)	[astronomí]
biologia (f)	biologji (f)	[bioloɟí]
geografia (f)	gjeografi (f)	[ʝɛografí]
geologia (f)	gjeologji (f)	[ʝɛoloɟí]
história (f)	histori (f)	[historí]

medicina (f)	mjekësi (f)	[mjɛkəsí]
pedagogia (f)	pedagogji (f)	[pɛdagoɟí]
direito (m)	drejtësi (f)	[drɛjtəsí]

física (f)	fizikë (f)	[fizíkə]
química (f)	kimi (f)	[kimí]
filosofia (f)	filozofi (f)	[filozofí]
psicologia (f)	psikologji (f)	[psikoloɟí]

97. Sistema de escrita. Ortografia

gramática (f)	gramatikë (f)	[gramatíkə]
vocabulário (m)	fjalor (m)	[fjalór]
fonética (f)	fonetikë (f)	[fonɛtíkə]

substantivo (m)	emër (m)	[émər]
adjetivo (m)	mbiemër (m)	[mbiémər]
verbo (m)	folje (f)	[fóljɛ]
advérbio (m)	ndajfolje (f)	[ndajfóljɛ]

pronome (m)	përemër (m)	[pərémər]
interjeição (f)	pasthirrmë (f)	[pasθírrmə]
preposição (f)	parafjalë (f)	[parafjálə]

raiz (f) da palavra	rrënjë (f)	[réɲə]
terminação (f)	fundore (f)	[fundórɛ]
prefixo (m)	parashtesë (f)	[paraʃtésə]
sílaba (f)	rrokje (f)	[rókjɛ]
sufixo (m)	prapashtesë (f)	[prapaʃtésə]

acento (m)	theks (m)	[θɛks]
apóstrofo (m)	apostrof (m)	[apostróf]

ponto (m)	pikë (f)	[píkə]
vírgula (f)	presje (f)	[présjɛ]
ponto e vírgula (m)	pikëpresje (f)	[pikəprésjɛ]
dois pontos (m pl)	dy pika (f)	[dy píka]
reticências (f pl)	tre pika (f)	[trɛ píka]

ponto (m) de interrogação	pikëpyetje (f)	[pikəpýɛtjɛ]
ponto (m) de exclamação	pikëçuditje (f)	[pikətʃudítjɛ]

aspas (f pl)	thonjëza (f)	[θóɲəza]
entre aspas	në thonjëza	[nə θóɲəza]
parênteses (m pl)	kllapa (f)	[kɫápa]
entre parênteses	brenda kllapave	[brénda kɫápavɛ]
hífen (m)	vizë ndarëse (f)	[vízə ndárəsɛ]
travessão (m)	vizë (f)	[vízə]
espaço (m)	hapësirë (f)	[hapəsírə]
letra (f)	shkronjë (f)	[ʃkróɲə]
letra (f) maiúscula	shkronjë e madhe (f)	[ʃkróɲə ɛ máðɛ]
vogal (f)	zanore (f)	[zanórɛ]
consoante (f)	bashkëtingëllore (f)	[baʃkətiŋəɫórɛ]
frase (f)	fjali (f)	[fjalí]
sujeito (m)	kryefjalë (f)	[kryɛfjálə]
predicado (m)	kallëzues (m)	[kaɫəzúɛs]
linha (f)	rresht (m)	[réʃt]
em uma nova linha	rresht i ri	[réʃt i rí]
parágrafo (m)	paragraf (m)	[paragráf]
palavra (f)	fjalë (f)	[fjálə]
grupo (m) de palavras	grup fjalësh (m)	[grup fjáləʃ]
expressão (f)	shprehje (f)	[ʃpréhjɛ]
sinónimo (m)	sinonim (m)	[sinoním]
antónimo (m)	antonim (m)	[antoním]
regra (f)	rregull (m)	[réguɫ]
exceção (f)	përjashtim (m)	[pərjaʃtím]
correto	saktë	[sáktə]
conjugação (f)	lakim (m)	[lakím]
declinação (f)	rasë	[rásə]
caso (m)	rasë emërore (f)	[rásə ɛmərórɛ]
pergunta (f)	pyetje (f)	[pýɛtjɛ]
sublinhar (vt)	nënvijëzoj	[nənvijəzój]
linha (f) pontilhada	vijë me ndërprerje (f)	[víjə mɛ ndərprérjɛ]

98. Línguas estrangeiras

língua (f)	gjuhë (f)	[ɟúhə]
estrangeiro	huaj	[húaj]
língua (f) estrangeira	gjuhë e huaj (f)	[ɟúhə ɛ húaj]
estudar (vt)	studioj	[studiój]
aprender (vt)	mësoj	[məsój]
ler (vt)	lexoj	[lɛdzój]
falar (vi)	flas	[flas]
compreender (vt)	kuptoj	[kuptój]
escrever (vt)	shkruaj	[ʃkrúaj]
rapidamente	shpejt	[ʃpɛjt]
devagar	ngadalë	[ŋadálə]

Português	Albanês	Pronúncia
fluentemente	rrjedhshëm	[rjéðʃəm]
regras (f pl)	rregullat (pl)	[régu┼at]
gramática (f)	gramatikë (f)	[gramatíkə]
vocabulário (m)	fjalor (m)	[fjalór]
fonética (f)	fonetikë (f)	[fonɛtíkə]
manual (m) escolar	tekst mësimor (m)	[tɛkst məsimór]
dicionário (m)	fjalor (m)	[fjalór]
manual (m)	libër i mësimit	[líbər i məsímit
de autoaprendizagem	autodidakt (m)	autodidákt]
guia (m) de conversação	libër frazeologjik (m)	[líbər frazɛoloɟík]
cassete (f)	kasetë (f)	[kasétə]
vídeo cassete (m)	videokasetë (f)	[vidɛokasétə]
CD (m)	CD (f)	[tsɛdé]
DVD (m)	DVD (m)	[dividí]
alfabeto (m)	alfabet (m)	[alfabét]
soletrar (vt)	gërmëzoj	[gərməzój]
pronúncia (f)	shqiptim (m)	[ʃciptím]
sotaque (m)	aksent (m)	[aksént]
com sotaque	me aksent	[mɛ aksént]
sem sotaque	pa aksent	[pa aksént]
palavra (f)	fjalë (f)	[fjálə]
sentido (m)	kuptim (m)	[kuptím]
cursos (m pl)	kurs (m)	[kurs]
inscrever-se (vr)	regjistrohem	[rɛɟistróhɛm]
professor (m)	mësues (m)	[məsúɛs]
tradução (processo)	përkthim (m)	[pərkθím]
tradução (texto)	përkthim (m)	[pərkθím]
tradutor (m)	përkthyes (m)	[pərkθýɛs]
intérprete (m)	përkthyes (m)	[pərkθýɛs]
poliglota (m)	poliglot (m)	[poliglót]
memória (f)	kujtesë (f)	[kujtésə]

Descanso. Entretenimento. Viagens

99. Viagens

turismo (m)	turizëm (m)	[turízəm]
turista (m)	turist (m)	[turíst]
viagem (f)	udhëtim (m)	[uðətím]
aventura (f)	aventurë (f)	[avɛntúrə]
viagem (f)	udhëtim (m)	[uðətím]
férias (f pl)	pushim (m)	[puʃím]
estar de férias	jam me pushime	[jam mɛ puʃímɛ]
descanso (m)	pushim (m)	[puʃím]
comboio (m)	tren (m)	[trɛn]
de comboio (chegar ~)	me tren	[mɛ trén]
avião (m)	avion (m)	[avión]
de avião	me avion	[mɛ avión]
de carro	me makinë	[mɛ makínə]
de navio	me anije	[mɛ aníjɛ]
bagagem (f)	bagazh (m)	[bagáʒ]
mala (f)	valixhe (f)	[valídʒɛ]
carrinho (m)	karrocë bagazhesh (f)	[karótsə bagáʒɛʃ]
passaporte (m)	pasaportë (f)	[pasapórtə]
visto (m)	vizë (f)	[vízə]
bilhete (m)	biletë (f)	[bilétə]
bilhete (m) de avião	biletë avioni (f)	[bilétə avióni]
guia (m) de viagem	guidë turistike (f)	[guídə turistíkɛ]
mapa (m)	hartë (f)	[hártə]
local (m), area (f)	zonë (f)	[zónə]
lugar, sítio (m)	vend (m)	[vɛnd]
exotismo (m)	ekzotikë (f)	[ɛkzotíkə]
exótico	ekzotik	[ɛkzotík]
surpreendente	mahnitëse	[mahnítəsɛ]
grupo (m)	grup (m)	[grup]
excursão (f)	ekskursion (m)	[ɛkskursión]
guia (m)	udhërrëfyes (m)	[uðərəfýɛs]

100. Hotel

hotel (m), pensão (f)	hotel (m)	[hotél]
motel (m)	motel (m)	[motél]
três estrelas	me tre yje	[mɛ trɛ ýjɛ]

| cinco estrelas | me pesë yje | [mɛ pésə ýjɛ] |
| ficar (~ num hotel) | qëndroj | [cəndrój] |

quarto (m)	dhomë (f)	[ðómə]
quarto (m) individual	dhomë teke (f)	[ðómə tékɛ]
quarto (m) duplo	dhomë dyshe (f)	[ðómə dýʃɛ]
reservar um quarto	rezervoj një dhomë	[rɛzɛrvój ɲə ðómə]

| meia pensão (f) | gjysmë-pension (m) | [ɟýsmə-pɛnsión] |
| pensão (f) completa | pension i plotë (m) | [pɛnsión i plótə] |

com banheira	me banjo	[mɛ báɲo]
com duche	me dush	[mɛ dúʃ]
televisão (m) satélite	televizor satelitor (m)	[tɛlɛvizór satɛlitór]
ar (m) condicionado	kondicioner (m)	[konditsionér]
toalha (f)	peshqir (m)	[pɛʃcír]
chave (f)	çelës (m)	[tʃéləs]

administrador (m)	administrator (m)	[administratór]
camareira (f)	pastruese (f)	[pastrúɛsɛ]
bagageiro (m)	portier (m)	[portiér]
porteiro (m)	portier (m)	[portiér]

restaurante (m)	restorant (m)	[rɛstoránt]
bar (m)	pab (m), pijetore (f)	[pab], [pijɛtórɛ]
pequeno-almoço (m)	mëngjes (m)	[mənɟés]
jantar (m)	darkë (f)	[dárkə]
buffet (m)	bufe (f)	[bufé]

| hall (m) de entrada | holl (m) | [hoɫ] |
| elevador (m) | ashensor (m) | [aʃɛnsór] |

| NÃO PERTURBE | MOS SHQETËSONI | [mos ʃcɛtəsóni] |
| PROIBIDO FUMAR! | NDALOHET DUHANI | [ndalóhɛt duháni] |

EQUIPAMENTO TÉCNICO. TRANSPORTES

Equipamento técnico. Transportes

101. Computador

computador (m)	kompjuter (m)	[kompjutér]
portátil (m)	laptop (m)	[laptóp]
ligar (vt)	ndez	[ndɛz]
desligar (vt)	fik	[fik]
teclado (m)	tastiera (f)	[tastiéra]
tecla (f)	çelës (m)	[tʃéləs]
rato (m)	maus (m)	[máus]
tapete (m) de rato	shtroje e mausit (f)	[ʃtrójɛ ɛ máusit]
botão (m)	buton (m)	[butón]
cursor (m)	kursor (m)	[kursór]
monitor (m)	monitor (m)	[monitór]
ecrã (m)	ekran (m)	[ɛkrán]
disco (m) rígido	hard disk (m)	[hárd dísk]
capacidade (f) do disco rígido	kapaciteti i hard diskut (m)	[kapatsitéti i hárd dískut]
memória (f)	memorie (f)	[mɛmóriɛ]
memória (f) operativa	memorie operative (f)	[mɛmóriɛ opɛratívɛ]
ficheiro (m)	skedë (f)	[skédə]
pasta (f)	dosje (f)	[dósjɛ]
abrir (vt)	hap	[hap]
fechar (vt)	mbyll	[mbyɫ]
guardar (vt)	ruaj	[rúaj]
apagar, eliminar (vt)	fshij	[fʃíj]
copiar (vt)	kopjoj	[kopjój]
ordenar (vt)	sistemoj	[sistɛmój]
copiar (vt)	transferoj	[transfɛrój]
programa (m)	program (m)	[prográm]
software (m)	softuer (f)	[softuér]
programador (m)	programues (m)	[programúɛs]
programar (vt)	programoj	[programój]
hacker (m)	haker (m)	[hakér]
senha (f)	fjalëkalim (m)	[fjaləkalím]
vírus (m)	virus (m)	[virús]
detetar (vt)	zbuloj	[zbulój]
byte (m)	bajt (m)	[bájt]

megabyte (m)	megabajt (m)	[mɛgabájt]
dados (m pl)	të dhënat (pl)	[tə ðénat]
base (f) de dados	databazë (f)	[databázə]

cabo (m)	kabllo (f)	[kábɫo]
desconectar (vt)	shkëpus	[ʃkəpús]
conetar (vt)	lidh	[lið]

102. Internet. E-mail

internet (f)	internet (m)	[intɛrnét]
browser (m)	shfletues (m)	[ʃflɛtúɛs]
motor (m) de busca	makineri kërkimi (f)	[makinɛrí kərkími]
provedor (m)	ofrues (m)	[ofrúɛs]

webmaster (m)	uebmaster (m)	[uɛbmástɛr]
website, sítio web (m)	ueb-faqe (f)	[uéb-fácɛ]
página (f) web	ueb-faqe (f)	[uéb-fácɛ]

| endereço (m) | adresë (f) | [adrésə] |
| livro (m) de endereços | libërth adresash (m) | [líbərθ adrésaʃ] |

caixa (f) de correio	kuti postare (f)	[kutí postárɛ]
correio (m)	postë (f)	[póstə]
cheia (caixa de correio)	i mbushur	[i mbúʃur]

mensagem (f)	mesazh (m)	[mɛsáʒ]
mensagens (f pl) recebidas	mesazhe të ardhura (pl)	[mɛsáʒɛ tə árðura]
mensagens (f pl) enviadas	mesazhe të dërguara (pl)	[mɛsáʒɛ tə dərgúara]

remetente (m)	dërguesi (m)	[dərgúɛsi]
enviar (vt)	dërgoj	[dərgój]
envio (m)	dërgesë (f)	[dərgésə]

| destinatário (m) | pranues (m) | [pranúɛs] |
| receber (vt) | pranoj | [pranój] |

| correspondência (f) | korrespondencë (f) | [korɛspondéntsə] |
| corresponder-se (vr) | komunikim | [komunikím] |

ficheiro (m)	skedë (f)	[skédə]
fazer download, baixar	shkarkoj	[ʃkarkój]
criar (vt)	krijoj	[krijój]
apagar, eliminar (vt)	fshij	[fʃij]
eliminado	e fshirë	[ɛ fʃírə]

ligação (f)	lidhje (f)	[líðjɛ]
velocidade (f)	shpejtësi (f)	[ʃpejtəsí]
modem (m)	modem (m)	[modém]
acesso (m)	hyrje (f)	[hýrjɛ]
porta (f)	port (m)	[port]

| conexão (f) | lidhje (f) | [líðjɛ] |
| conetar (vi) | lidhem me ... | [líðɛm mɛ ...] |

escolher (vt)   përzgjedh   [pərzɟéð]
buscar (vt)   kërkoj ...   [kərkój ...]

103. Eletricidade

eletricidade (f)	elektricitet (m)	[ɛlɛktritsitét]
elétrico	elektrik	[ɛlɛktrík]
central (f) elétrica	hidrocentral (m)	[hidrotsɛntrál]
energia (f)	energji (f)	[ɛnɛrɟí]
energia (f) elétrica	energji elektrike (f)	[ɛnɛrɟí ɛlɛktríkɛ]
lâmpada (f)	poç (m)	[potʃ]
lanterna (f)	llambë dore (f)	[ɫámbə dórɛ]
poste (m) de iluminação	llambë rruge (f)	[ɫámbə rúgɛ]
luz (f)	dritë (f)	[drítə]
ligar (vt)	ndez	[ndɛz]
desligar (vt)	fik	[fik]
apagar a luz	fik dritën	[fík drítən]
fundir (vi)	digjet	[díɟɛt]
curto-circuito (m)	qark i shkurtër (m)	[cark i ʃkúrtər]
rutura (f)	tel i prishur (m)	[tɛl i príʃur]
contacto (m)	kontakt (m)	[kontákt]
interruptor (m)	çelës drite (m)	[tʃélǝs drítɛ]
tomada (f)	prizë (f)	[prízə]
ficha (f)	spinë (f)	[spínə]
extensão (f)	zgjatues (m)	[zɟatúɛs]
fusível (m)	siguresë (f)	[sigurésə]
fio, cabo (m)	kabllo (f)	[kábɫo]
instalação (f) elétrica	rrjet elektrik (m)	[rjét ɛlɛktrík]
ampere (m)	amper (m)	[ampér]
amperagem (f)	amperazh (f)	[ampɛráʒ]
volt (m)	volt (m)	[volt]
voltagem (f)	voltazh (m)	[voltáʒ]
aparelho (m) elétrico	aparat elektrik (m)	[aparát ɛlɛktrík]
indicador (m)	indikator (m)	[indikatór]
eletricista (m)	elektricist (m)	[ɛlɛktritsíst]
soldar (vt)	saldoj	[saldój]
ferro (m) de soldar	pajisje saldimi (f)	[pajísjɛ saldími]
corrente (f) elétrica	korrent elektrik (m)	[korént ɛlɛktrík]

104. Ferramentas

ferramenta (f)	vegël (f)	[végəl]
ferramentas (f pl)	vegla (pl)	[végla]
equipamento (m)	pajisje (f)	[pajísjɛ]

martelo (m)	çekiç (m)	[tʃɛkítʃ]
chave (f) de fendas	kaçavidë (f)	[katʃavídə]
machado (m)	sëpatë (f)	[səpátə]
serra (f)	sharrë (f)	[ʃárə]
serrar (vt)	sharroj	[ʃarój]
plaina (f)	zdrukthues (m)	[zdrukθúɛs]
aplainar (vt)	zdrukthoj	[zdrukθój]
ferro (m) de soldar	pajisje saldimi (f)	[pajísjɛ saldími]
soldar (vt)	saldoj	[saldój]
lima (f)	limë (f)	[límə]
tenaz (f)	darë (f)	[dárə]
alicate (m)	pinca (f)	[píntsa]
formão (m)	daltë (f)	[dáltə]
broca (f)	turjelë (f)	[turjélə]
berbequim (f)	shpuese elektrike (f)	[ʃpúɛsɛ ɛlɛktríkɛ]
furar (vt)	shpoj	[ʃpoj]
faca (f)	thikë (f)	[θíkə]
canivete (m)	thikë xhepi (f)	[θíkə dʒépi]
lâmina (f)	teh (m)	[tɛh]
afiado	i mprehtë	[i mpréhtə]
cego	i topitur	[i topítur]
embotar-se (vr)	bëhet e topítur	[béhɛt ɛ topítur]
afiar, amolar (vt)	mpreh	[mpréh]
parafuso (m)	vidë (f)	[vídə]
porca (f)	dado (f)	[dádo]
rosca (f)	filetë e vidhës (f)	[filétə ɛ víðəs]
parafuso (m) para madeira	vidhë druri (f)	[víðə drúri]
prego (m)	gozhdë (f)	[góʒdə]
cabeça (f) do prego	kokë gozhde (f)	[kókə góʒdɛ]
régua (f)	vizore (f)	[vizórɛ]
fita (f) métrica	metër (m)	[métər]
nível (m)	nivelizues (m)	[nivɛlizúɛs]
lupa (f)	lente zmadhuese (f)	[léntɛ zmaðúɛsɛ]
medidor (m)	mjet matës (m)	[mjét mátəs]
medir (vt)	mas	[mas]
escala (f)	gradë (f)	[grádə]
leitura (f)	matjet (pl)	[mátjɛt]
compressor (m)	kompresor (m)	[komprɛsór]
microscópio (m)	mikroskop (m)	[mikroskóp]
bomba (f)	pompë (f)	[pómpə]
robô (m)	robot (m)	[robót]
laser (m)	laser (m)	[lasér]
chave (f) de boca	çelës (m)	[tʃélǝs]
fita (f) adesiva	shirit ngjitës (m)	[ʃirít nɟitəs]

cola (f)	ngjitës (m)	[nʝítəs]
lixa (f)	letër smeril (f)	[létər smɛríl]
mola (f)	sustë (f)	[sústə]
íman (m)	magnet (m)	[magnét]
luvas (f pl)	dorëza (pl)	[dórəza]
corda (f)	litar (m)	[litár]
cordel (m)	kordon (m)	[kordón]
fio (m)	tel (m)	[tɛl]
cabo (m)	kabllo (f)	[kábɫo]
marreta (f)	çekan i rëndë (m)	[tʃɛkán i rəndə]
pé de cabra (f)	levë (f)	[lévə]
escada (f) de mão	shkallë (f)	[ʃkáɫə]
escadote (m)	shkallëz (f)	[ʃkáɫəz]
enroscar (vt)	vidhos	[viðós]
desenroscar (vt)	zhvidhos	[ʒviðós]
apertar (vt)	shtrëngoj	[ʃtrəŋój]
colar (vt)	ngjes	[nʝés]
cortar (vt)	pres	[prɛs]
falha (mau funcionamento)	avari (f)	[avarí]
conserto (m)	riparim (m)	[riparím]
consertar, reparar (vt)	riparoj	[riparój]
regular, ajustar (vt)	rregulloj	[rɛguɫój]
verificar (vt)	kontrolloj	[kontroɫój]
verificação (f)	kontroll (m)	[kontróɫ]
leitura (f)	matjet (pl)	[mátjɛt]
seguro	e sigurt	[ɛ sígurt]
complicado	komplekse	[komplékse]
enferrujar (vi)	ndryshket	[ndrýʃkɛt]
enferrujado	e ndryshkur	[ɛ ndrýʃkur]
ferrugem (f)	ndryshk (m)	[ndrýʃk]

Transportes

105. Avião

avião (m)	avion (m)	[avión]
bilhete (m) de avião	biletë avioni (f)	[bilétə aviόni]
companhia (f) aérea	kompani ajrore (f)	[kompaní ajrórɛ]
aeroporto (m)	aeroport (m)	[aɛropórt]
supersónico	supersonik	[supɛrsoník]
comandante (m) do avião	kapiten (m)	[kapitén]
tripulação (f)	ekip (m)	[ɛkíp]
piloto (m)	pilot (m)	[pilót]
hospedeira (f) de bordo	stjuardesë (f)	[stjuardésə]
copiloto (m)	navigues (m)	[navigúɛs]
asas (f pl)	krahë (pl)	[kráhə]
cauda (f)	bisht (m)	[biʃt]
cabine (f) de pilotagem	kabinë (f)	[kabínə]
motor (m)	motor (m)	[motór]
trem (m) de aterragem	karrel (m)	[karél]
turbina (f)	turbinë (f)	[turbínə]
hélice (f)	helikë (f)	[hɛlíkə]
caixa-preta (f)	kuti e zezë (f)	[kutí ɛ zézə]
coluna (f) de controlo	timon (m)	[timón]
combustível (m)	karburant (m)	[karburánt]
instruções (f pl) de segurança	udhëzime sigurie (pl)	[uðəzímɛ siguríɛ]
máscara (f) de oxigénio	maskë oksigjeni (f)	[máskə oksiɟéni]
uniforme (m)	uniformë (f)	[unifórmə]
colete (m) salva-vidas	jelek shpëtimi (m)	[jɛlék ʃpətími]
paraquedas (m)	parashutë (f)	[paraʃútə]
descolagem (f)	ngritje (f)	[ŋrítjɛ]
descolar (vi)	fluturon	[fluturón]
pista (f) de descolagem	pista e fluturimit (f)	[písta ɛ fluturímit]
visibilidade (f)	shikueshmëri (f)	[ʃikuɛʃmərí]
voo (m)	fluturim (m)	[fluturím]
altura (f)	lartësi (f)	[lartəsí]
poço (m) de ar	xhep ajri (m)	[dʒɛp ájri]
assento (m)	karrige (f)	[karígɛ]
auscultadores (m pl)	kufje (f)	[kúfjɛ]
mesa (f) rebatível	tabaka (f)	[tabaká]
vigia (f)	dritare avioni (f)	[dritárɛ aviόni]
passagem (f)	korridor (m)	[koridór]

106. Comboio

comboio (m)	tren (m)	[trɛn]
comboio (m) suburbano	tren elektrik (m)	[trɛn ɛlɛktrík]
comboio (m) rápido	tren ekspres (m)	[trɛn ɛksprés]
locomotiva (f) diesel	lokomotivë me naftë (f)	[lokomótivə mɛ náftə]
comboio (m) a vapor	lokomotivë me avull (f)	[lokomótivə mɛ ávuɫ]
carruagem (f)	vagon (m)	[vagón]
carruagem restaurante (f)	vagon restorant (m)	[vagón rɛstoránt]
carris (m pl)	shina (pl)	[ʃína]
caminho de ferro (m)	hekurudhë (f)	[hɛkurúðə]
travessa (f)	traversë (f)	[travérsə]
plataforma (f)	platformë (f)	[platfórmə]
linha (f)	binar (m)	[binár]
semáforo (m)	semafor (m)	[sɛmafór]
estação (f)	stacion (m)	[statsión]
maquinista (m)	makinist (m)	[makiníst]
bagageiro (m)	portier (m)	[portiér]
hospedeiro, -a (da carruagem)	konduktor (m)	[konduktór]
passageiro (m)	pasagjer (m)	[pasaɟér]
revisor (m)	konduktor (m)	[konduktór]
corredor (m)	korridor (m)	[koridór]
freio (m) de emergência	frena urgjence (f)	[fréna urɟéntsɛ]
compartimento (m)	ndarje (f)	[ndárjɛ]
cama (f)	kat (m)	[kat]
cama (f) de cima	kati i sipërm (m)	[káti i sípərm]
cama (f) de baixo	kati i poshtëm (m)	[káti i póʃtəm]
roupa (f) de cama	shtroje shtrati (pl)	[ʃtrójɛ ʃtráti]
bilhete (m)	biletë (f)	[bilétə]
horário (m)	orar (m)	[orár]
painel (m) de informação	tabelë e informatave (f)	[tabélə ɛ informátavɛ]
partir (vt)	niset	[nísɛt]
partida (f)	nisje (f)	[nísjɛ]
chegar (vi)	arrij	[aríj]
chegada (f)	arritje (f)	[arítjɛ]
chegar de comboio	arrij me tren	[aríj mɛ trɛn]
apanhar o comboio	hip në tren	[hip nə trén]
sair do comboio	zbres nga treni	[zbrɛs ŋa tréni]
acidente (m) ferroviário	aksident hekurudhor (m)	[aksidént hɛkuruðór]
descarrilar (vi)	del nga shinat	[dɛl ŋa ʃínat]
comboio (m) a vapor	lokomotivë me avull (f)	[lokomótivə mɛ ávuɫ]
fogueiro (m)	mbikëqyrës i zjarrit (m)	[mbikəcýrəs i zjárit]
fornalha (f)	furrë (f)	[fúrə]
carvão (m)	qymyr (m)	[cymýr]

107. Barco

navio (m)	anije (f)	[aníjɛ]
embarcação (f)	mjet lundrues (m)	[mjét lundrúɛs]

vapor (m)	anije me avull (f)	[aníjɛ mɛ ávuɫ]
navio (m)	anije lumi (f)	[aníjɛ lúmi]
transatlântico (m)	krocierë (f)	[krotsiérə]
cruzador (m)	anije luftarake (f)	[aníjɛ luftarákɛ]

iate (m)	jaht (m)	[jáht]
rebocador (m)	anije rimorkiuese (f)	[aníjɛ rimorkiúɛsɛ]
barcaça (f)	anije transportuese (f)	[aníjɛ transportúɛsɛ]
ferry (m)	traget (m)	[tragét]

veleiro (m)	anije me vela (f)	[aníjɛ mɛ véla]
bergantim (m)	brigantinë (f)	[brigantínə]

quebra-gelo (m)	akullthyese (f)	[akuɫθýɛsɛ]
submarino (m)	nëndetëse (f)	[nəndétəsɛ]

bote, barco (m)	barkë (f)	[bárkə]
bote, dingue (m)	gomone (f)	[gomónɛ]
bote (m) salva-vidas	varkë shpëtimi (f)	[várkə ʃpətími]
lancha (f)	skaf (m)	[skaf]

capitão (m)	kapiten (m)	[kapitén]
marinheiro (m)	marinar (m)	[marinár]
marujo (m)	marinar (m)	[marinár]
tripulação (f)	ekip (m)	[ɛkíp]

contramestre (m)	kryemarinar (m)	[kryɛmarinár]
grumete (m)	djali i anijes (m)	[djáli i aníjɛs]
cozinheiro (m) de bordo	kuzhinier (m)	[kuʒiniér]
médico (m) de bordo	doktori i anijes (m)	[doktóri i aníjɛs]

convés (m)	kuverta (f)	[kuvérta]
mastro (m)	direk (m)	[dirék]
vela (f)	vela (f)	[véla]

porão (m)	bagazh (m)	[bagáʒ]
proa (f)	harku sipëror (m)	[hárku sipərór]
popa (f)	pjesa e pasme (f)	[pjésa ɛ pásmɛ]
remo (m)	rrem (m)	[rɛm]
hélice (f)	helikë (f)	[hɛlíkə]

camarote (m)	kabinë (f)	[kabínə]
sala (f) dos oficiais	zyrë e oficerëve (m)	[zýrə ɛ ofitsérəvɛ]
sala (f) das máquinas	salla e motorit (m)	[sáɫa ɛ motórit]
ponte (m) de comando	urë komanduese (f)	[úrə komandúɛsɛ]
sala (f) de comunicações	kabina radiotelegrafike (f)	[kabína radiotɛlɛgrafíkɛ]
onda (f) de rádio	valë (f)	[válə]
diário (m) de bordo	libri i shënimeve (m)	[líbri i ʃənímɛvɛ]
luneta (f)	dylbi (f)	[dylbí]
sino (m)	këmbanë (f)	[kəmbánə]

bandeira (f)	flamur (m)	[flamúr]
cabo (m)	pallamar (m)	[pałamár]
nó (m)	nyjë (f)	[nýjə]

corrimão (m)	parmakë (pl)	[parmákə]
prancha (f) de embarque	shkallë (f)	[ʃkáɫə]

âncora (f)	spirancë (f)	[spirántsə]
recolher a âncora	ngre spirancën	[ŋré spirántsən]
lançar a âncora	hedh spirancën	[hɛð spirántsən]
amarra (f)	zinxhir i spirancës (m)	[zindʒír i spirántsəs]

porto (m)	port (m)	[port]
cais, amarradouro (m)	skelë (f)	[skélə]
atracar (vi)	ankoroj	[ankorój]
desatracar (vi)	niset	[nísɛt]

viagem (f)	udhëtim (m)	[uðətím]
cruzeiro (m)	udhëtim me krocierë (f)	[uðətím mɛ krotsiérə]
rumo (m), rota (f)	kursi i udhëtimit (m)	[kúrsi i uðətímit]
itinerário (m)	itinerar (m)	[itinɛrár]

canal (m) navegável	ujëra të lundrueshme (f)	[újəra tə lundrúɛʃmɛ]
baixio (m)	cekëtinë (f)	[tsɛkətínə]
encalhar (vt)	bllokohet në rërë	[błokóhɛt nə rərə]

tempestade (f)	stuhi (f)	[stuhí]
sinal (m)	sinjal (m)	[siɲál]
afundar-se (vr)	fundoset	[fundósɛt]
Homem ao mar!	Njeri në det!	[ɲɛrí nə dɛt!]
SOS	SOS (m)	[sos]
boia (f) salva-vidas	bovë shpëtuese (f)	[bóvə ʃpətúɛsɛ]

108. Aeroporto

aeroporto (m)	aeroport (m)	[aɛropórt]
avião (m)	avion (m)	[avión]
companhia (f) aérea	kompani ajrore (f)	[kompaní ajrórɛ]
controlador (m) de tráfego aéreo	kontroll i trafikut ajror (m)	[kontróɫ i trafíkut ajrór]

partida (f)	nisje (f)	[nísjɛ]
chegada (f)	arritje (f)	[arítjɛ]
chegar (~ de avião)	arrij me avion	[aríj mɛ avión]

hora (f) de partida	nisja (f)	[nísja]
hora (f) de chegada	arritja (f)	[arítja]

estar atrasado	vonesë	[vonésə]
atraso (m) de voo	vonesë avioni (f)	[vonésə avióni]

painel (m) de informação	ekrani i informacioneve (m)	[ɛkráni i informatsiónɛvɛ]
informação (f)	informacion (m)	[informatsión]
anunciar (vt)	njoftoj	[ɲoftój]

voo (m)	fluturim (m)	[fluturím]
alfândega (f)	doganë (f)	[dogánə]
funcionário (m) da alfândega	doganier (m)	[doganiér]
declaração (f) alfandegária	deklarim doganor (m)	[dɛklarím doganór]
preencher (vt)	plotësoj	[plotəsój]
preencher a declaração	plotësoj deklaratën	[plotəsój dɛklarátən]
controlo (m) de passaportes	kontroll pasaportash (m)	[kontróɫ pasapórtaʃ]
bagagem (f)	bagazh (m)	[bagáʒ]
bagagem (f) de mão	bagazh dore (m)	[bagáʒ dórɛ]
carrinho (m)	karrocë bagazhesh (f)	[karótsə bagáʒɛʃ]
aterragem (f)	aterrim (m)	[atɛrím]
pista (f) de aterragem	pistë aterrimi (f)	[pístə atɛrími]
aterrar (vi)	aterroj	[atɛrój]
escada (f) de avião	shkallë avioni (f)	[ʃkáɫə avióni]
check-in (m)	regjistrim (m)	[rɛɟistrím]
balcão (m) do check-in	sportel regjistrimi (m)	[sportél rɛɟistrími]
fazer o check-in	regjistrohem	[rɛɟistróhɛm]
cartão (m) de embarque	biletë e hyrjes (f)	[bilétə ɛ hýrjɛs]
porta (f) de embarque	porta e nisjes (f)	[pórta ɛ nísjɛs]
trânsito (m)	transit (m)	[transít]
esperar (vi, vt)	pres	[prɛs]
sala (f) de espera	salla e nisjes (f)	[sáɫa ɛ nísjɛs]
despedir-se de ...	përcjell	[pərtsjéɫ]
despedir-se (vr)	përshëndetem	[pərʃəndétɛm]

Eventos

109. Férias. Evento

festa (f)	festë (f)	[féstə]
festa (f) nacional	festë kombëtare (f)	[féstə kombətárɛ]
feriado (m)	festë publike (f)	[féstə publíkɛ]
festejar (vt)	festoj	[fɛstój]

evento (festa, etc.)	ceremoni (f)	[tsɛrɛmoní]
evento (banquete, etc.)	eveniment (m)	[ɛvɛnimént]
banquete (m)	banket (m)	[bankét]
receção (f)	pritje (f)	[prítjɛ]
festim (m)	aheng (m)	[ahén]

aniversário (m)	përvjetor (m)	[pərvjɛtór]
jubileu (m)	jubile (m)	[jubilé]
celebrar (vt)	festoj	[fɛstój]

Ano (m) Novo	Viti i Ri (m)	[víti i rí]
Feliz Ano Novo!	Gëzuar Vitin e Ri!	[gəzúar vítin ɛ rí!]
Pai (m) Natal	Santa Klaus (m)	[sánta kláus]

Natal (m)	Krishtlindje (f)	[kriʃtlíndjɛ]
Feliz Natal!	Gëzuar Krishtlindjen!	[gəzúar kriʃtlíndjɛn!]
árvore (f) de Natal	péma e Krishtlindjes (f)	[péma ɛ kriʃtlíndjɛs]
fogo (m) de artifício	fishekzjarrë (m)	[fiʃɛkzjárə]

boda (f)	dasmë (f)	[dásmə]
noivo (m)	dhëndër (m)	[ðəndər]
noiva (f)	nuse (f)	[núsɛ]

convidar (vt)	ftoj	[ftoj]
convite (m)	ftesë (f)	[ftésə]

convidado (m)	mysafir (m)	[mysafír]
visitar (vt)	vizitoj	[vizitój]
receber os hóspedes	takoj të ftuarit	[takój tə ftúarit]

presente (m)	dhuratë (f)	[ðurátə]
oferecer (vt)	dhuroj	[ðurój]
receber presentes	marr dhurata	[mar ðuráta]
ramo (m) de flores	buqetë (f)	[bucétə]

felicitações (f pl)	urime (f)	[urímɛ]
felicitar (dar os parabéns)	përgëzoj	[pərgəzój]

cartão (m) de parabéns	kartolinë (f)	[kartolínə]
enviar um postal	dërgoj kartolinë	[dərgój kartolínə]
receber um postal	marr kartolinë	[mar kartolínə]

brinde (m)	dolli (f)	[doťí]
oferecer (vt)	qeras	[cɛrás]
champanhe (m)	shampanjë (f)	[ʃampáɲə]

divertir-se (vr)	kënaqem	[kənácɛm]
diversão (f)	gëzim (m)	[gəzím]
alegria (f)	gëzim (m)	[gəzím]

dança (f)	vallëzim (m)	[vaɫəzím]
dançar (vi)	vallëzoj	[vaɫəzój]

valsa (f)	vals (m)	[vals]
tango (m)	tango (f)	[táŋo]

110. Funerais. Enterro

cemitério (m)	varreza (f)	[varéza]
sepultura (f), túmulo (m)	varr (m)	[var]
cruz (f)	kryq (m)	[kryc]
lápide (f)	gur varri (m)	[gur vári]
cerca (f)	gardh (m)	[garð]
capela (f)	kishëz (m)	[kíʃəz]

morte (f)	vdekje (f)	[vdékjɛ]
morrer (vi)	vdes	[vdɛs]
defunto (m)	i vdekuri (m)	[i vdékuri]
luto (m)	zi (f)	[zi]

enterrar, sepultar (vt)	varros	[varós]
agência (f) funerária	agjenci funeralesh (f)	[aɟɛntsí funɛrálɛʃ]
funeral (m)	funeral (m)	[funɛrál]

coroa (f) de flores	kurorë (f)	[kurórə]
caixão (m)	arkivol (m)	[arkivól]
carro (m) funerário	makinë funebre (f)	[makínə funébrɛ]
mortalha (f)	qefin (m)	[cɛfín]

procissão (f) funerária	kortezh (m)	[kortéʒ]
urna (f) funerária	urnë (f)	[úrnə]
crematório (m)	kremator (m)	[krɛmatór]

obituário (m), necrologia (f)	përkujtim (m)	[pərkujtím]
chorar (vi)	qaj	[caj]
soluçar (vi)	qaj me dënesë	[caj mɛ dənésə]

111. Guerra. Soldados

pelotão (m)	togë (f)	[tógə]
companhia (f)	kompani (f)	[kompaní]
regimento (m)	regjiment (m)	[rɛɟimént]
exército (m)	ushtri (f)	[uʃtrí]
divisão (f)	divizion (m)	[divizión]

destacamento (m)	skuadër (f)	[skuádər]
hoste (f)	armatë (f)	[armátə]
soldado (m)	ushtar (m)	[uʃtár]
oficial (m)	oficer (m)	[ofitsér]
soldado (m) raso	ushtar (m)	[uʃtár]
sargento (m)	rreshter (m)	[rɛʃtér]
tenente (m)	toger (m)	[togér]
capitão (m)	kapiten (m)	[kapitén]
major (m)	major (m)	[majór]
coronel (m)	kolonel (m)	[kolonél]
general (m)	gjeneral (m)	[ɟɛnɛrál]
marujo (m)	marinar (m)	[marinár]
capitão (m)	kapiten (m)	[kapitén]
contramestre (m)	kryemarinar (m)	[kryɛmarinár]
artilheiro (m)	artiljer (m)	[artiljér]
soldado (m) paraquedista	parashutist (m)	[paraʃutíst]
piloto (m)	pilot (m)	[pilót]
navegador (m)	navigues (m)	[navigúɛs]
mecânico (m)	mekanik (m)	[mɛkaník]
sapador (m)	xhenier (m)	[dʒɛniér]
paraquedista (m)	parashutist (m)	[paraʃutíst]
explorador (m)	agjent zbulimi (m)	[aɟént zbulími]
franco-atirador (m)	snajper (m)	[snajpér]
patrulha (f)	patrullë (f)	[patrúɫə]
patrulhar (vt)	patrulloj	[patrúɫoj]
sentinela (f)	rojë (f)	[rójə]
guerreiro (m)	luftëtar (m)	[luftətár]
patriota (m)	patriot (m)	[patriót]
herói (m)	hero (m)	[hɛró]
heroína (f)	heroinë (f)	[hɛroínə]
traidor (m)	tradhtar (m)	[traðtár]
trair (vt)	tradhtoj	[traðtój]
desertor (m)	dezertues (m)	[dɛzɛrtúɛs]
desertar (vt)	dezertoj	[dɛzɛrtój]
mercenário (m)	mercenar (m)	[mɛrtsɛnár]
recruta (m)	rekrut (m)	[rɛkrút]
voluntário (m)	vullnetar (m)	[vuɫnetár]
morto (m)	vdekur (m)	[vdékur]
ferido (m)	i plagosur (m)	[i plagósur]
prisioneiro (m) de guerra	rob lufte (m)	[rob lúftɛ]

112. Guerra. Ações militares. Parte 1

guerra (f)	luftë (f)	[lúftə]
guerrear (vt)	në luftë	[nə lúftə]

Português	Albanês	Pronúncia
guerra (f) civil	luftë civile (f)	[lúftə tsivílɛ]
perfidamente	pabesisht	[pabɛsíʃt]
declaração (f) de guerra	shpallje lufte (f)	[ʃpáłjɛ lúftɛ]
declarar (vt) guerra	shpall	[ʃpał]
agressão (f)	agresion (m)	[agrɛsión]
atacar (vt)	sulmoj	[sulmój]
invadir (vt)	pushtoj	[puʃtój]
invasor (m)	pushtues (m)	[puʃtúɛs]
conquistador (m)	pushtues (m)	[puʃtúɛs]
defesa (f)	mbrojtje (f)	[mbrójtjɛ]
defender (vt)	mbroj	[mbrój]
defender-se (vr)	mbrohem	[mbróhɛm]
inimigo (m)	armik (m)	[aɾmík]
adversário (m)	kundërshtar (m)	[kundəɾʃtáɾ]
inimigo	armike	[aɾmíkɛ]
estratégia (f)	strategji (f)	[stratɛɟí]
tática (f)	taktikë (f)	[taktíkə]
ordem (f)	urdhër (m)	[úrðər]
comando (m)	komandë (f)	[komándə]
ordenar (vt)	urdhëroj	[urðərój]
missão (f)	mision (m)	[misión]
secreto	sekret	[sɛkrét]
batalha (f), combate (m)	betejë (f)	[bɛtéjə]
combate (m)	luftim (m)	[luftím]
ataque (m)	sulm (m)	[sulm]
assalto (m)	sulm (m)	[sulm]
assaltar (vt)	sulmoj	[sulmój]
assédio, sítio (m)	nën rrethim (m)	[nən rɛθím]
ofensiva (f)	sulm (m)	[sulm]
passar à ofensiva	kaloj në sulm	[kalój nə súlm]
retirada (f)	tërheqje (f)	[tərhécjɛ]
retirar-se (vr)	tërhiqem	[tərhícɛm]
cerco (m)	rrethim (m)	[rɛθím]
cercar (vt)	rrethoj	[rɛθój]
bombardeio (m)	bombardim (m)	[bombardím]
lançar uma bomba	hedh bombë	[hɛð bómbə]
bombardear (vt)	bombardoj	[bombardój]
explosão (f)	shpërthim (m)	[ʃpərθím]
tiro (m)	e shtënë (f)	[ɛ ʃténə]
disparar um tiro	qëlloj	[cətój]
tiroteio (m)	të shtëna (pl)	[tə ʃténa]
apontar para ...	vë në shënjestër	[və nə ʃəɲéstər]
apontar (vt)	drejtoj armën	[drɛjtój ármən]

acertar (vt)	qëlloj	[cɐɫój]
afundar (um navio)	fundos	[fundós]
brecha (f)	vrimë (f)	[vrímə]
afundar (vi)	fundoset	[fundósɛt]
frente (m)	front (m)	[front]
evacuação (f)	evakuim (m)	[ɛvakuím]
evacuar (vt)	evakuoj	[ɛvakuój]
trincheira (f)	llogore (f)	[ɫogórɛ]
arame (m) farpado	tel me gjemba (m)	[tɛl mɛ ɟémba]
obstáculo (m) anticarro	pengesë (f)	[pɛŋésə]
torre (f) de vigia	kullë vrojtuese (f)	[kúɫə vrojtúɛsɛ]
hospital (m)	spital ushtarak (m)	[spitál uʃtarák]
ferir (vt)	plagos	[plagós]
ferida (f)	plagë (f)	[plágə]
ferido (m)	i plagosur (m)	[i plagósur]
ficar ferido	jam i plagosur	[jam i plagósur]
grave (ferida ~)	rëndë	[rəndə]

113. Guerra. Ações militares. Parte 2

cativeiro (m)	burgosje (f)	[burgósjɛ]
capturar (vt)	zë rob	[zə rob]
estar em cativeiro	mbahem rob	[mbáhɛm rób]
ser aprisionado	zihem rob	[zíhɛm rob]
campo (m) de concentração	kamp përqendrimi (m)	[kamp pərcɛndrími]
prisioneiro (m) de guerra	rob lufte (m)	[rob lúftɛ]
escapar (vi)	arratisem	[aratísɛm]
trair (vt)	tradhtoj	[traðtój]
traidor (m)	tradhtar (m)	[traðtár]
traição (f)	tradhti (f)	[traðtí]
fuzilar, executar (vt)	ekzekutoj	[ɛkzɛkutój]
fuzilamento (m)	ekzekutim (m)	[ɛkzɛkutím]
equipamento (m)	armatim (m)	[armatím]
platina (f)	spaletë (f)	[spalétə]
máscara (f) antigás	maskë antigaz (f)	[máskə antigáz]
rádio (m)	radiomarrëse (f)	[radiomárəsɛ]
cifra (f), código (m)	kod sekret (m)	[kód sɛkrét]
conspiração (f)	komplot (m)	[komplót]
senha (f)	fjalëkalim (m)	[fjalekalím]
mina (f)	minë tokësore (f)	[mínə tokəsórɛ]
minar (vt)	minoj	[minój]
campo (m) minado	fushë e minuar (f)	[fúʃə ɛ minúar]
alarme (m) aéreo	alarm sulmi ajror (m)	[alárm súlmi ajrór]
alarme (m)	alarm (m)	[alárm]

sinal (m)	sinjal (m)	[siɲál]
sinalizador (m)	sinjalizues (m)	[siɲalizúɛs]
estado-maior (m)	selia qendrore (f)	[sɛlía cɛndrórɛ]
reconhecimento (m)	zbulim (m)	[zbulím]
situação (f)	gjendje (f)	[ɟéndjɛ]
relatório (m)	raport (m)	[rapórt]
emboscada (f)	pritë (f)	[prítə]
reforço (m)	përforcim (m)	[pərfortsím]
alvo (m)	shënjestër (f)	[ʃəɲéstər]
campo (m) de tiro	poligon (m)	[poligón]
manobras (f pl)	manovra ushtarake (f)	[manóvra uʃtarákɛ]
pânico (m)	panik (m)	[paník]
devastação (f)	shkatërrim (m)	[ʃkatərím]
ruínas (f pl)	gërmadha (pl)	[gərmáða]
destruir (vt)	shkatërroj	[ʃkatərój]
sobreviver (vi)	mbijetoj	[mbijɛtój]
desarmar (vt)	çarmatos	[tʃarmatós]
manusear (vt)	manovroj	[manovrój]
Firmes!	Gatitu!	[gatitú!]
Descansar!	Qetësohu!	[cɛtəsóhu!]
façanha (f)	akt heroik (m)	[ákt hɛroík]
juramento (m)	betim (m)	[bɛtím]
jurar (vi)	betohem	[bɛtóhɛm]
condecoração (f)	dekoratë (f)	[dɛkorátə]
condecorar (vt)	dekoroj	[dɛkorój]
medalha (f)	medalje (f)	[mɛdáljɛ]
ordem (f)	urdhër medalje (m)	[úrðər mɛdáljɛ]
vitória (f)	fitore (f)	[fitórɛ]
derrota (f)	humbje (f)	[húmbjɛ]
armistício (m)	armëpushim (m)	[arməpuʃím]
bandeira (f)	flamur beteje (m)	[flamúr bɛtéjɛ]
glória (f)	famë (f)	[fámə]
desfile (m) militar	paradë (f)	[parádə]
marchar (vi)	marshoj	[marʃój]

114. Armas

arma (f)	armë (f)	[ármə]
arma (f) de fogo	armë zjarri (f)	[ármə zjári]
arma (f) branca	armë të ftohta (pl)	[ármə tə ftóhta]
arma (f) química	armë kimike (f)	[ármə kimíkɛ]
nuclear	nukleare	[nuklɛárɛ]
arma (f) nuclear	armë nukleare (f)	[ármə nuklɛárɛ]
bomba (f)	bombë (f)	[bómbə]

bomba (f) atómica	bombë atomike (f)	[bómbə atomíkɛ]
pistola (f)	pistoletë (f)	[pistolétə]
caçadeira (f)	pushkë (f)	[púʃkə]
pistola-metralhadora (f)	mitraloz (m)	[mitralóz]
metralhadora (f)	mitraloz (m)	[mitralóz]
boca (f)	grykë (f)	[grýkə]
cano (m)	tytë pushke (f)	[týtə púʃkɛ]
calibre (m)	kalibër (m)	[kalíbər]
gatilho (m)	këmbëz (f)	[kémbəz]
mira (f)	shënjestër (f)	[ʃənéstər]
carregador (m)	karikator (m)	[karikatór]
coronha (f)	qytë (f)	[cýtə]
granada (f) de mão	bombë dore (f)	[bómbə dórɛ]
explosivo (m)	eksploziv (m)	[ɛksplozív]
bala (f)	plumb (m)	[plúmb]
cartucho (m)	fishek (m)	[fiʃék]
carga (f)	karikim (m)	[karikím]
munições (f pl)	municion (m)	[munitsión]
bombardeiro (m)	avion bombardues (m)	[avión bombardúɛs]
avião (m) de caça	avion luftarak (m)	[avión luftarák]
helicóptero (m)	helikopter (m)	[hɛlikoptér]
canhão (m) antiaéreo	armë anti-ajrore (f)	[ármə ánti-ajrórɛ]
tanque (m)	tank (m)	[tank]
canhão (de um tanque)	top tanku (m)	[top tánku]
artilharia (f)	artileri (f)	[artilɛrí]
canhão (m)	top (m)	[top]
fazer a pontaria	vë në shënjestër	[və nə ʃəɲéstər]
obus (m)	mortajë (f)	[mortájə]
granada (f) de morteiro	bombë mortaje (f)	[bómbə mortájɛ]
morteiro (m)	mortajë (f)	[mortájə]
estilhaço (m)	copëz mortaje (f)	[tsópəz mortájɛ]
submarino (m)	nëndetëse (f)	[nəndétəsɛ]
torpedo (m)	silurë (f)	[silúrə]
míssil (m)	raketë (f)	[rakétə]
carregar (uma arma)	mbush	[mbúʃ]
atirar, disparar (vi)	qëlloj	[cəɫój]
apontar para ...	drejtoj	[drɛjtój]
baioneta (f)	bajonetë (f)	[bajonétə]
espada (f)	shpatë (f)	[ʃpátə]
sabre (m)	shpatë (f)	[ʃpátə]
lança (f)	shtizë (f)	[ʃtízə]
arco (m)	hark (m)	[hárk]
flecha (f)	shigjetë (f)	[ʃiɟétə]
mosquete (m)	musketë (f)	[muskétə]
besta (f)	pushkë-shigjetë (f)	[púʃkə-ʃiɟétə]

115. Povos da antiguidade

primitivo	prehistorik	[prɛhistorík]
pré-histórico	prehistorike	[prɛhistoríkɛ]
antigo	i lashtë	[i láʃtə]

Idade (f) da Pedra	Epoka e Gurit (f)	[ɛpóka ɛ gúrit]
Idade (f) do Bronze	Epoka e Bronzit (f)	[ɛpóka ɛ brónzit]
período (m) glacial	Epoka e akullit (f)	[ɛpóka ɛ ákuɫit]

tribo (f)	klan (m)	[klan]
canibal (m)	kanibal (m)	[kanibál]
caçador (m)	gjahtar (m)	[ɟahtár]
caçar (vi)	dal për gjah	[dál pər ɟáh]
mamute (m)	mamut (m)	[mamút]

caverna (f)	shpellë (f)	[ʃpéɫə]
fogo (m)	zjarr (m)	[zjar]
fogueira (f)	zjarr kampingu (m)	[zjar kampíŋu]
pintura (f) rupestre	vizatim në shpella (m)	[vizatím nə ʃpéɫa]

ferramenta (f)	vegël (f)	[végəl]
lança (f)	shtizë (f)	[ʃtízə]
machado (m) de pedra	sëpatë guri (f)	[səpátə gúri]
guerrear (vt)	në luftë	[nə lúftə]
domesticar (vt)	zbus	[zbus]

ídolo (m)	idhull (m)	[íðuɫ]
adorar, venerar (vt)	adhuroj	[aðurój]
superstição (f)	besëtytni (f)	[bɛsətytní]
ritual (m)	rit (m)	[rit]

evolução (f)	evolucion (m)	[ɛvolutsión]
desenvolvimento (m)	zhvillim (m)	[ʒviɫím]
desaparecimento (m)	zhdukje (f)	[ʒdúkjɛ]
adaptar-se (vr)	përshtatem	[pərʃtátɛm]

arqueologia (f)	arkeologji (f)	[arkɛoloɟí]
arqueólogo (m)	arkeolog (m)	[arkɛológ]
arqueológico	arkeologjike	[arkɛoloɟíkɛ]

local (m) das escavações	vendi i gërmimeve (m)	[véndi i gərmímɛvɛ]
escavações (f pl)	gërmime (pl)	[gərmímɛ]
achado (m)	zbulim (m)	[zbulím]
fragmento (m)	fragment (m)	[fragmént]

116. Idade média

povo (m)	popull (f)	[pópuɫ]
povos (m pl)	popuj (pl)	[pópuj]
tribo (f)	klan (m)	[klan]
tribos (f pl)	klane (pl)	[kánɛ]
bárbaros (m pl)	barbarë (pl)	[barbárə]

gauleses (m pl)	Galët (pl)	[gálət]
godos (m pl)	Gotët (pl)	[gótət]
eslavos (m pl)	Sllavët (pl)	[sɫávət]
víquingues (m pl)	Vikingët (pl)	[vikíŋət]
romanos (m pl)	Romakët (pl)	[romákət]
romano	romak	[romák]
bizantinos (m pl)	Bizantinët (pl)	[bizantínət]
Bizâncio	Bizanti (m)	[bizánti]
bizantino	bizantine	[bizantínɛ]
imperador (m)	perandor (m)	[pɛrandór]
líder (m)	prijës (m)	[príjəs]
poderoso	i fuqishëm	[i fucíʃəm]
rei (m)	mbret (m)	[mbrét]
governante (m)	sundimtar (m)	[sundimtár]
cavaleiro (m)	kalorës (m)	[kalórəs]
senhor feudal (m)	lord feudal (m)	[lórd fɛudál]
feudal	feudal	[fɛudál]
vassalo (m)	vasal (m)	[vasál]
duque (m)	dukë (f)	[dúkə]
conde (m)	kont (m)	[kont]
barão (m)	baron (m)	[barón]
bispo (m)	peshkop (m)	[pɛʃkóp]
armadura (f)	parzmore (f)	[parzmórɛ]
escudo (m)	mburojë (f)	[mburójə]
espada (f)	shpatë (f)	[ʃpátə]
viseira (f)	ballnik (m)	[baɫník]
cota (f) de malha	thurak (m)	[θurák]
cruzada (f)	Kryqëzata (f)	[krycəzáta]
cruzado (m)	kryqtar (m)	[kryctár]
território (m)	territor (m)	[tɛritór]
atacar (vt)	sulmoj	[sulmój]
conquistar (vt)	mposht	[mpóʃt]
ocupar, invadir (vt)	pushtoj	[puʃtój]
assédio, sítio (m)	nën rrethim (m)	[nən rɛθím]
sitiado	i rrethuar	[i rɛθúar]
assediar, sitiar (vt)	rrethoj	[rɛθój]
inquisição (f)	inkuizicion (m)	[inkuizitsión]
inquisidor (m)	inkuizitor (m)	[inkuizitór]
tortura (f)	torturë (f)	[tortúrə]
cruel	mizor	[mizór]
herege (m)	heretik (m)	[hɛrɛtík]
heresia (f)	herezi (f)	[hɛrɛzí]
navegação (f) marítima	lundrim (m)	[lundrím]
pirata (m)	pirat (m)	[pirát]
pirataria (f)	pirateri (f)	[piratɛrí]

abordagem (f)	sulm me anije (m)	[sulm mɛ aníjɛ]
saque (m), pulhagem (f)	plaçkë (f)	[plátʃkə]
tesouros (m pl)	thesare (pl)	[θɛsárɛ]
descobrimento (m)	zbulim (m)	[zbulím]
descobrir (novas terras)	zbuloj	[zbulój]
expedição (f)	ekspeditë (f)	[ɛkspɛdítə]
mosqueteiro (m)	musketar (m)	[muskɛtár]
cardeal (m)	kardinal (m)	[kardinál]
heráldica (f)	heraldikë (f)	[hɛraldíkə]
heráldico	heraldik	[hɛraldík]

117. Líder. Chefe. Autoridades

rei (m)	mbret (m)	[mbrét]
rainha (f)	mbretëreshë (f)	[mbrɛtəréʃə]
real	mbretërore	[mbrɛtərórɛ]
reino (m)	mbretëri (f)	[mbrɛtərí]
príncipe (m)	princ (m)	[prints]
princesa (f)	princeshë (f)	[printséʃə]
presidente (m)	president (m)	[prɛsidént]
vice-presidente (m)	zëvendës president (m)	[zəvéndəs prɛsidént]
senador (m)	senator (m)	[sɛnatór]
monarca (m)	monark (m)	[monárk]
governante (m)	sundimtar (m)	[sundimtár]
ditador (m)	diktator (m)	[diktatór]
tirano (m)	tiran (m)	[tirán]
magnata (m)	manjat (m)	[maɲát]
diretor (m)	drejtor (m)	[drɛjtór]
chefe (m)	udhëheqës (m)	[uðəhécəs]
dirigente (m)	drejtor (m)	[drɛjtór]
patrão (m)	bos (m)	[bos]
dono (m)	pronar (m)	[pronár]
líder, chefe (m)	lider (m)	[lidér]
chefe (~ de delegação)	kryetar (m)	[kryɛtár]
autoridades (f pl)	autoritetet (pl)	[autoritétɛt]
superiores (m pl)	eprorët (pl)	[ɛprórət]
governador (m)	guvernator (m)	[guvɛrnatór]
cônsul (m)	konsull (m)	[kónsuɫ]
diplomata (m)	diplomat (m)	[diplomát]
prefeito (m)	kryetar komune (m)	[kryɛtár komúnɛ]
xerife (m)	sherif (m)	[ʃɛríf]
imperador (m)	perandor (m)	[pɛrandór]
czar (m)	car (m)	[tsár]
faraó (m)	faraon (m)	[faraón]
cã (m)	khan (m)	[khán]

118. Viloação da lei. Criminosos. Parte 1

bandido (m)	**bandit** (m)	[bandít]
crime (m)	**krim** (m)	[krim]
criminoso (m)	**kriminel** (m)	[kriminél]
ladrão (m)	**hajdut** (m)	[hajdút]
roubar (vt)	**vjedh**	[vjɛð]
furto, roubo (m)	**vjedhje** (f)	[vjéðjɛ]
raptar (ex. ~ uma criança)	**rrëmbej**	[rəmbéj]
rapto (m)	**rrëmbim** (m)	[rəmbím]
raptor (m)	**rrëmbyes** (m)	[rəmbýɛs]
resgate (m)	**shpërblesë** (f)	[ʃpərblésə]
pedir resgate	**kërkoj shpërblesë**	[kərkój ʃpərblésə]
roubar (vt)	**grabis**	[grabís]
assalto, roubo (m)	**grabitje** (f)	[grabítjɛ]
assaltante (m)	**grabitës** (m)	[grabítəs]
extorquir (vt)	**zhvat**	[ʒvat]
extorsionário (m)	**zhvatës** (m)	[ʒvátəs]
extorsão (f)	**zhvatje** (f)	[ʒvátjɛ]
matar, assassinar (vt)	**vras**	[vras]
homicídio (m)	**vrasje** (f)	[vrásjɛ]
homicida, assassino (m)	**vrasës** (m)	[vrásəs]
tiro (m)	**e shtënë** (f)	[ɛ ʃténə]
dar um tiro	**qëlloj**	[cəɫój]
matar a tiro	**qëlloj për vdekje**	[cəɫój pər vdékjɛ]
atirar, disparar (vi)	**qëlloj**	[cəɫój]
tiroteio (m)	**të shtëna** (pl)	[tə ʃténa]
acontecimento (m)	**incident** (m)	[intsidént]
porrada (f)	**përleshje** (f)	[pərléʃjɛ]
Socorro!	**Ndihmë!**	[ndíhmə!]
vítima (f)	**viktimë** (f)	[viktímə]
danificar (vt)	**dëmtoj**	[dəmtój]
dano (m)	**dëm** (m)	[dəm]
cadáver (m)	**kufomë** (f)	[kufómə]
grave	**i rëndë**	[i réndə]
atacar (vt)	**sulmoj**	[sulmój]
bater (espancar)	**rrah**	[rah]
espancar (vt)	**sakatoj**	[sakatój]
tirar, roubar (dinheiro)	**rrëmbej**	[rəmbéj]
esfaquear (vt)	**ther për vdekje**	[θɛr pər vdékjɛ]
mutilar (vt)	**gjymtoj**	[ɟymtój]
ferir (vt)	**plagos**	[plagós]
chantagem (f)	**shantazh** (m)	[ʃantáʒ]
chantagear (vt)	**bëj shantazh**	[bəj ʃantáʒ]

chantagista (m)	shantazhist (m)	[ʃantaʒíst]
extorsão	rrjet mashtrimi (m)	[rjét maʃtrími]
(em troca de proteção)		
extorsionário (m)	mashtrues (m)	[maʃtrúɛs]
gângster (m)	gangster (m)	[gaŋstér]
máfia (f)	mafia (f)	[máfia]
carteirista (m)	vjedhës xhepash (m)	[vjéðəs dʒépaʃ]
assaltante, ladrão (m)	hajdut (m)	[hajdút]
contrabando (m)	trafikim (m)	[trafikím]
contrabandista (m)	trafikues (m)	[trafikúɛs]
falsificação (f)	falsifikim (m)	[falsifikím]
falsificar (vt)	falsifikoj	[falsifikój]
falsificado	fals	[fáls]

119. Viloação da lei. Criminosos. Parte 2

violação (f)	përdhunim (m)	[pərðuním]
violar (vt)	përdhunoj	[pərðunój]
violador (m)	përdhunues (m)	[pərðunúɛs]
maníaco (m)	maniak (m)	[maniák]
prostituta (f)	prostitutë (f)	[prostitútə]
prostituição (f)	prostitucion (m)	[prostitutsión]
chulo (m)	tutor (m)	[tutór]
toxicodependente (m)	narkoman (m)	[narkomán]
traficante (m)	trafikant droge (m)	[trafikánt dróge]
explodir (vt)	shpërthej	[ʃpərθéj]
explosão (f)	shpërthim (m)	[ʃpərθím]
incendiar (vt)	vë flakën	[və flákən]
incendiário (m)	zjarrvënës (m)	[zjarvénəs]
terrorismo (m)	terrorizëm (m)	[tɛrorízəm]
terrorista (m)	terrorist (m)	[tɛroríst]
refém (m)	peng (m)	[pɛŋ]
enganar (vt)	mashtroj	[maʃtrój]
engano (m)	mashtrim (m)	[maʃtrím]
vigarista (m)	mashtrues (m)	[maʃtrúɛs]
subornar (vt)	jap ryshfet	[jap ryʃfét]
suborno (atividade)	ryshfet (m)	[ryʃfét]
suborno (dinheiro)	ryshfet (m)	[ryʃfét]
veneno (m)	helm (m)	[hɛlm]
envenenar (vt)	helmoj	[hɛlmój]
envenenar-se (vr)	helmohem	[hɛlmóhɛm]
suicídio (m)	vetëvrasje (f)	[vɛtəvrásjɛ]
suicida (m)	vetëvrasës (m)	[vɛtəvrásəs]
ameaçar (vt)	kërcënoj	[kərtsənój]

ameaça (f)	kërcënim (m)	[kərtsəním]
atentar contra a vida de ...	tentoj	[tɛntój]
atentado (m)	atentat (m)	[atɛntát]
roubar (o carro)	vjedh	[vjɛð]
desviar (o avião)	rrëmbej	[rəmbéj]
vingança (f)	hakmarrje (f)	[hakmárjɛ]
vingar (vt)	hakmerrem	[hakmérɛm]
torturar (vt)	torturoj	[torturój]
tortura (f)	torturë (f)	[tortúrə]
atormentar (vt)	torturoj	[torturój]
pirata (m)	pirat (m)	[pirát]
desordeiro (m)	huligan (m)	[huligán]
armado	i armatosur	[i armatósur]
violência (f)	dhunë (f)	[ðúnə]
ilegal	ilegal	[ilɛgál]
espionagem (f)	spiunazh (m)	[spiunáʒ]
espionar (vi)	spiunoj	[spiunój]

120. Polícia. Lei. Parte 1

justiça (f)	drejtësi (f)	[drɛjtəsí]
tribunal (m)	gjykatë (f)	[ɟykátə]
juiz (m)	gjykatës (m)	[ɟykátəs]
jurados (m pl)	anëtar jurie (m)	[anətár juríɛ]
tribunal (m) do júri	gjyq me juri (m)	[ɟýc mɛ jurí]
julgar (vt)	gjykoj	[ɟykój]
advogado (m)	avokat (m)	[avokát]
réu (m)	pandehur (m)	[pandéhur]
banco (m) dos réus	bankë e të pandehurit (f)	[bánkə ɛ tə pandéhurit]
acusação (f)	akuzë (f)	[akúzə]
acusado (m)	i akuzuar (m)	[i akuzúar]
sentença (f)	vendim (m)	[vɛndím]
sentenciar (vt)	dënoj	[dənój]
culpado (m)	fajtor (m)	[fajtór]
punir (vt)	ndëshkoj	[ndəʃkój]
punição (f)	ndëshkim (m)	[ndəʃkím]
multa (f)	gjobë (f)	[ɟóbə]
prisão (f) perpétua	burgim i përjetshëm (m)	[burgím i pərjétʃəm]
pena (f) de morte	dënim me vdekje (m)	[dəním mɛ vdékjɛ]
cadeira (f) elétrica	karrige elektrike (f)	[karígɛ ɛlɛktríkɛ]
forca (f)	varje (f)	[várjɛ]
executar (vt)	ekzekutoj	[ɛkzɛkutój]
execução (f)	ekzekutim (m)	[ɛkzɛkutím]

prisão (f)	burg (m)	[búrg]
cela (f) de prisão	qeli (f)	[cɛlí]

escolta (f)	eskortë (f)	[ɛskórtə]
guarda (m) prisional	gardian burgu (m)	[gardián búrgu]
preso (m)	i burgosur (m)	[i burgósur]

algemas (f pl)	pranga (f)	[práŋa]
algemar (vt)	vë prangat	[və práŋat]

fuga, evasão (f)	arratisje nga burgu (f)	[aratísjɛ ŋa búrgu]
fugir (vi)	arratisem	[aratísɛm]
desaparecer (vi)	zhduk	[ʒduk]
soltar, libertar (vt)	dal nga burgu	[dál ŋa búrgu]
amnistia (f)	amnisti (f)	[amnistí]

polícia (instituição)	polici (f)	[politsí]
polícia (m)	polic (m)	[políts]
esquadra (f) de polícia	komisariat (m)	[komisariát]
cassetete (m)	shkop gome (m)	[ʃkop gómɛ]
megafone (m)	altoparlant (m)	[altoparlánt]

carro (m) de patrulha	makinë patrullimi (f)	[makínə patruɫími]
sirene (f)	alarm (m)	[alárm]
ligar a sirene	ndez sirenën	[ndɛz sirénən]
toque (m) da sirene	zhurmë alarmi (f)	[ʒúrmə alármi]

cena (f) do crime	skenë krimi (f)	[skénə krími]
testemunha (f)	dëshmitar (m)	[dəʃmitár]
liberdade (f)	liri (f)	[lirí]
cúmplice (m)	bashkëpunëtor (m)	[baʃkəpunətór]
escapar (vi)	zhdukem	[ʒdúkɛm]
traço (não deixar ~s)	gjurmë (f)	[ɟúrmə]

121. Polícia. Lei. Parte 2

procura (f)	kërkim (m)	[kərkím]
procurar (vt)	kërkoj ...	[kərkój ...]
suspeita (f)	dyshim (m)	[dyʃím]
suspeito	i dyshuar	[i dyʃúar]
parar (vt)	ndaloj	[ndalój]
deter (vt)	mbaj të ndaluar	[mbáj tə ndalúar]

caso (criminal)	padi (f)	[padí]
investigação (f)	hetim (m)	[hɛtím]
detetive (m)	detektiv (m)	[dɛtɛktív]
investigador (m)	hetues (m)	[hɛtúɛs]
versão (f)	hipotezë (f)	[hipotézə]

motivo (m)	motiv (m)	[motív]
interrogatório (m)	marrje në pyetje (f)	[márjɛ nə pýɛtjɛ]
interrogar (vt)	marr në pyetje	[mar nə pýɛtjɛ]
questionar (vt)	pyes	[pýɛs]
verificação (f)	verifikim (m)	[vɛrifikím]

rusga (f)	kontroll në grup (m)	[kontróɫ nə grúp]
busca (f)	bastisje (f)	[bastísjɛ]
perseguição (f)	ndjekje (f)	[ndjékjɛ]
perseguir (vt)	ndjek	[ndjék]
seguir (vt)	ndjek	[ndjék]
prisão (f)	arrestim (m)	[arɛstím]
prender (vt)	arrestoj	[arɛstój]
pegar, capturar (vt)	kap	[kap]
captura (f)	kapje (f)	[kápjɛ]
documento (m)	dokument (m)	[dokumént]
prova (f)	provë (f)	[próvə]
provar (vt)	dëshmoj	[dəʃmój]
pegada (f)	gjurmë (f)	[ɟúrmə]
impressões (f pl) digitais	shenja gishtash (pl)	[ʃéɲa gíʃtaʃ]
prova (f)	provë (f)	[próvə]
álibi (m)	alibi (f)	[alibí]
inocente	i pafajshëm	[i pafájʃəm]
injustiça (f)	padrejtësi (f)	[padrɛjtəsí]
injusto	i padrejtë	[i padréjtə]
criminal	kriminale	[kriminálɛ]
confiscar (vt)	konfiskoj	[konfiskój]
droga (f)	drogë (f)	[drógə]
arma (f)	armë (f)	[ármə]
desarmar (vt)	çarmatos	[tʃarmatós]
ordenar (vt)	urdhëroj	[urðərój]
desaparecer (vi)	zhduk	[ʒduk]
lei (f)	ligj (m)	[liɟ]
legal	ligjor	[liɟór]
ilegal	i paligjshëm	[i palíɟʃəm]
responsabilidade (f)	përgjegjësi (f)	[pərɟɛɟəsí]
responsável	përgjegjës	[pərɟéɟəs]

NATUREZA

A Terra. Parte 1

122. Espaço sideral

cosmos (m)	hapësirë (f)	[hapəsírə]
cósmico	hapësinor	[hapəsinór]
espaço (m) cósmico	kozmos (m)	[kozmós]
mundo (m)	botë (f)	[bótə]
universo (m)	univers	[univérs]
galáxia (f)	galaksi (f)	[galaksí]
estrela (f)	yll (m)	[yɫ]
constelação (f)	yllësi (f)	[yɫəsí]
planeta (m)	planet (m)	[planét]
satélite (m)	satelit (m)	[satɛlít]
meteorito (m)	meteor (m)	[mɛtɛór]
cometa (m)	kometë (f)	[kométə]
asteroide (m)	asteroid (m)	[astɛroíd]
órbita (f)	orbitë (f)	[orbítə]
girar (vi)	rrotullohet	[rotuɫóhɛt]
atmosfera (f)	atmosferë (f)	[atmosférə]
Sol (m)	Dielli (m)	[diéɫi]
Sistema (m) Solar	sistemi diellor (m)	[sistémi diɛɫór]
eclipse (m) solar	eklips diellor (m)	[ɛklíps diɛɫór]
Terra (f)	Toka (f)	[tóka]
Lua (f)	Hëna (f)	[héna]
Marte (m)	Marsi (m)	[mársi]
Vénus (m)	Venera (f)	[vɛnéra]
Júpiter (m)	Jupiteri (m)	[jupitéri]
Saturno (m)	Saturni (m)	[satúrni]
Mercúrio (m)	Merkuri (m)	[mɛrkúri]
Urano (m)	Urani (m)	[uráni]
Neptuno (m)	Neptuni (m)	[nɛptúni]
Plutão (m)	Pluto (f)	[plúto]
Via Láctea (f)	Rruga e Qumështit (f)	[rúga ɛ cúməʃtit]
Ursa Maior (f)	Arusha e Madhe (f)	[arúʃa ɛ máðɛ]
Estrela Polar (f)	ylli i Veriut (m)	[yɫi i vériut]
marciano (m)	Marsian (m)	[marsián]
extraterrestre (m)	jashtëtokësor (m)	[jaʃtətokəsór]

alienígena (m)	alien (m)	[alién]
disco (m) voador	disk fluturues (m)	[dísk fluturúɛs]
nave (f) espacial	anije kozmike (f)	[aníjɛ kozmíkɛ]
estação (f) orbital	stacion kozmik (m)	[statsión kozmík]
lançamento (m)	ngritje (f)	[ŋrítjɛ]
motor (m)	motor (m)	[motór]
bocal (m)	dizë (f)	[dízə]
combustível (m)	karburant (m)	[karburánt]
cabine (f)	kabinë pilotimi (f)	[kabínə pilotími]
antena (f)	antenë (f)	[anténə]
vigia (f)	dritare anësore (f)	[dritárɛ anəsórɛ]
bateria (f) solar	panel solar (m)	[panél solár]
traje (m) espacial	veshje astronauti (f)	[véʃjɛ astronáuti]
imponderabilidade (f)	mungesë graviteti (f)	[muɲésə gravitéti]
oxigénio (m)	oksigjen (m)	[oksiɟén]
acoplagem (f)	ndërlidhje në hapësirë (f)	[ndərlíðjɛ nə hapəsírə]
fazer uma acoplagem	stacionohem	[statsionóhɛm]
observatório (m)	observator (m)	[obsɛrvatór]
telescópio (m)	teleskop (m)	[tɛlɛskóp]
observar (vt)	vëzhgoj	[vəʒgój]
explorar (vt)	eksploroj	[ɛksplorój]

123. A Terra

Terra (f)	Toka (f)	[tóka]
globo terrestre (Terra)	globi (f)	[glóbi]
planeta (m)	planet (m)	[planét]
atmosfera (f)	atmosferë (f)	[atmosférə]
geografia (f)	gjeografi (f)	[ɟɛografí]
natureza (f)	natyrë (f)	[natýrə]
globo (mapa esférico)	glob (m)	[glob]
mapa (m)	hartë (f)	[hártə]
atlas (m)	atlas (m)	[atlás]
Europa (f)	Evropa (f)	[ɛvrópa]
Ásia (f)	Azia (f)	[azía]
África (f)	Afrika (f)	[afríka]
Austrália (f)	Australia (f)	[australía]
América (f)	Amerika (f)	[amɛríka]
América (f) do Norte	Amerika Veriore (f)	[amɛríka vɛriórɛ]
América (f) do Sul	Amerika Jugore (f)	[amɛríka jugórɛ]
Antártida (f)	Antarktika (f)	[antarktíka]
Ártico (m)	Arktiku (m)	[arktíku]

124. Pontos cardeais

norte (m)	veri (m)	[vɛrí]
para norte	drejt veriut	[dréjt vériut]
no norte	në veri	[nə vɛrí]
do norte	verior	[vɛrióɾ]
sul (m)	jug (m)	[jug]
para sul	drejt jugut	[dréjt júgut]
no sul	në jug	[nə jug]
do sul	jugor	[jugóɾ]
oeste, ocidente (m)	perëndim (m)	[pɛrəndím]
para oeste	drejt perëndimit	[dréjt pɛrəndímit]
no oeste	në perëndim	[nə pɛrəndím]
ocidental	perëndimor	[pɛrəndimóɾ]
leste, oriente (m)	lindje (f)	[líndjɛ]
para leste	drejt lindjes	[dréjt líndjɛs]
no leste	në lindje	[nə líndjɛ]
oriental	lindor	[lindóɾ]

125. Mar. Oceano

mar (m)	det (m)	[dét]
oceano (m)	oqean (m)	[ocɛán]
golfo (m)	gji (m)	[ɟi]
estreito (m)	ngushticë (f)	[ŋuʃtítsə]
terra (f) firme	tokë (f)	[tókə]
continente (m)	kontinent (m)	[kontinént]
ilha (f)	ishull (m)	[íʃuɫ]
península (f)	gadishull (m)	[gadíʃuɫ]
arquipélago (m)	arkipelag (m)	[arkipɛlág]
baía (f)	gji (m)	[ɟi]
porto (m)	port (m)	[port]
lagoa (f)	lagunë (f)	[lagúnə]
cabo (m)	kep (m)	[kɛp]
atol (m)	atol (m)	[atól]
recife (m)	shkëmb nënujor (m)	[ʃkəmb nənujóɾ]
coral (m)	koral (m)	[korál]
recife (m) de coral	korale nënujorë (f)	[korálɛ nənujórə]
profundo	i thellë	[i θéɫə]
profundidade (f)	thellësi (f)	[θɛɫəsí]
abismo (m)	humnerë (f)	[humnérə]
fossa (f) oceânica	hendek (m)	[hɛndék]
corrente (f)	rrymë (f)	[rýmə]
banhar (vt)	rrethohet	[rɛθóhɛt]

litoral (m)	breg (m)	[brɛg]
costa (f)	bregdet (m)	[brɛgdét]
maré (f) alta	batica (f)	[batítsa]
maré (f) baixa	zbaticë (f)	[zbatítsə]
restinga (f)	cekëtinë (f)	[tsɛkətínə]
fundo (m)	fund i detit (m)	[fúnd i détit]
onda (f)	dallgë (f)	[dáɫgə]
crista (f) da onda	kreshtë (f)	[kréʃtə]
espuma (f)	shkumë (f)	[ʃkúmə]
tempestade (f)	stuhi (f)	[stuhí]
furacão (m)	uragan (m)	[uragán]
tsunami (m)	cunam (m)	[tsunám]
calmaria (f)	qetësi (f)	[cɛtəsí]
calmo	i qetë	[i cétə]
polo (m)	pol (m)	[pol]
polar	polar	[polár]
latitude (f)	gjerësi (f)	[ɟɛrəsí]
longitude (f)	gjatësi (f)	[ɟatəsí]
paralela (f)	paralele (f)	[paralélɛ]
equador (m)	ekuator (m)	[ɛkuatór]
céu (m)	qiell (m)	[cíɛɫ]
horizonte (m)	horizont (m)	[horizónt]
ar (m)	ajër (m)	[ájər]
farol (m)	fanar (m)	[fanár]
mergulhar (vi)	zhytem	[ʒýtɛm]
afundar-se (vr)	fundosje	[fundósjɛ]
tesouros (m pl)	thesare (pl)	[θɛsárɛ]

126. Nomes de Mares e Oceanos

Oceano (m) Atlântico	Oqeani Atlantik (m)	[ocɛáni atlantík]
Oceano (m) Índico	Oqeani Indian (m)	[ocɛáni indián]
Oceano (m) Pacífico	Oqeani Paqësor (m)	[ocɛáni pacəsór]
Oceano (m) Ártico	Oqeani Arktik (m)	[ocɛáni arktík]
Mar (m) Negro	Deti i Zi (m)	[déti i zí]
Mar (m) Vermelho	Deti i Kuq (m)	[déti i kúc]
Mar (m) Amarelo	Deti i Verdhë (m)	[déti i vérðə]
Mar (m) Branco	Deti i Bardhë (m)	[déti i bárðə]
Mar (m) Cáspio	Deti Kaspik (m)	[déti kaspík]
Mar (m) Morto	Deti i Vdekur (m)	[déti i vdékur]
Mar (m) Mediterrâneo	Deti Mesdhe (m)	[déti mɛsðé]
Mar (m) Egeu	Deti Egje (m)	[déti ɛɟé]
Mar (m) Adriático	Deti Adriatik (m)	[déti adriatík]
Mar (m) Arábico	Deti Arab (m)	[déti aráb]

Mar (m) do Japão	Deti i Japonisë (m)	[déti i japonísə]
Mar (m) de Bering	Deti Bering (m)	[déti bériŋ]
Mar (m) da China Meridional	Deti i Kinës Jugore (m)	[déti i kínəs jugórɛ]

Mar (m) de Coral	Deti Koral (m)	[déti korál]
Mar (m) de Tasman	Deti Tasman (m)	[déti tasmán]
Mar (m) do Caribe	Deti i Karaibeve (m)	[déti i karaíbɛvɛ]

| Mar (m) de Barents | Deti Barents (m) | [déti barénts] |
| Mar (m) de Kara | Deti Kara (m) | [déti kára] |

Mar (m) do Norte	Deti i Veriut (m)	[déti i vériut]
Mar (m) Báltico	Deti Baltik (m)	[déti baltík]
Mar (m) da Noruega	Deti Norvegjez (m)	[déti norvɛɟéz]

127. Montanhas

montanha (f)	mal (m)	[mal]
cordilheira (f)	vargmal (m)	[vargmál]
serra (f)	kresht malor (m)	[kréʃt malór]

cume (m)	majë (f)	[májə]
pico (m)	maja më e lartë (f)	[mája mə ɛ lártə]
sopé (m)	rrëza e malit (f)	[rəza ɛ málit]
declive (m)	shpat (m)	[ʃpat]

vulcão (m)	vullkan (m)	[vuɫkán]
vulcão (m) ativo	vullkan aktiv (m)	[vuɫkán aktív]
vulcão (m) extinto	vullkan i fjetur (m)	[vuɫkán i fjétur]

erupção (f)	shpërthim (m)	[ʃpərθím]
cratera (f)	krater (m)	[kratér]
magma (m)	magmë (f)	[mágmə]
lava (f)	llavë (f)	[ɫávə]
fundido (lava ~a)	i shkrirë	[i ʃkrírə]

desfiladeiro (m)	kanion (m)	[kanión]
garganta (f)	grykë (f)	[grýkə]
fenda (f)	çarje (f)	[tʃárjɛ]
precipício (m)	humnerë (f)	[humnérə]

passo, colo (m)	kalim (m)	[kalím]
planalto (m)	pllajë (f)	[pɫájə]
falésia (f)	shkëmb (m)	[ʃkəmb]
colina (f)	kodër (f)	[kódər]

glaciar (m)	akullnajë (f)	[akuɫnájə]
queda (f) d'água	ujëvarë (f)	[ujəvárə]
géiser (m)	gejzer (m)	[gɛjzér]
lago (m)	liqen (m)	[licén]

planície (f)	fushë (f)	[fúʃə]
paisagem (f)	peizazh (m)	[pɛizáʒ]
eco (m)	jehonë (f)	[jɛhónə]

Portuguese	Albanian	Pronunciation
alpinista (m)	alpinist (m)	[alpiníst]
escalador (m)	alpinist shkëmbßinjsh (m)	[alpiníst ʃkəmbiɲʃ]
conquistar (vt)	pushtoj majën	[puʃtój májən]
subida, escalada (f)	ngjitje (f)	[nɟítjɛ]

128. Nomes de montanhas

Portuguese	Albanian	Pronunciation
Alpes (m pl)	Alpet (pl)	[alpét]
monte Branco (m)	Montblanc (m)	[montblánk]
Pirineus (m pl)	Pirenejet (pl)	[pirɛnéjɛt]
Cárpatos (m pl)	Karpatet (m)	[karpátɛt]
montes (m pl) Urais	Malet Urale (pl)	[málɛt urálɛ]
Cáucaso (m)	Malet Kaukaze (pl)	[málɛt kaukázɛ]
Elbrus (m)	Mali Elbrus (m)	[máli ɛlbrús]
Altai (m)	Malet Altai (pl)	[málɛt altái]
Tian Shan (m)	Tian Shani (m)	[tían ʃáni]
Pamir (m)	Malet e Pamirit (m)	[málɛt ɛ pamírit]
Himalaias (m pl)	Himalajet (pl)	[himalájɛt]
monte (m) Everest	Mali Everest (m)	[máli ɛvɛrést]
Cordilheira (f) dos Andes	andet (pl)	[ándɛt]
Kilimanjaro (m)	Mali Kilimanxharo (m)	[máli kilimandʒáro]

129. Rios

Portuguese	Albanian	Pronunciation
rio (m)	lum (m)	[lum]
fonte, nascente (f)	burim (m)	[burím]
leito (m) do rio	shtrat lumi (m)	[ʃtrat lúmi]
bacia (f)	basen (m)	[basén]
desaguar no ...	rrjedh ...	[rjéð ...]
afluente (m)	derdhje (f)	[dérðjɛ]
margem (do rio)	breg (m)	[brɛg]
corrente (f)	rrymë (f)	[rýmə]
rio abaixo	rrjedhje e poshtme	[rjéðjɛ ɛ póʃtmɛ]
rio acima	rrjedhje e sipërme	[rjéðjɛ ɛ sípərmɛ]
inundação (f)	vërshim (m)	[vərʃím]
cheia (f)	përmbytje (f)	[pərmbýtjɛ]
transbordar (vi)	vërshon	[vərʃón]
inundar (vt)	përmbytet	[pərmbýtɛt]
baixio (m)	cekëtinë (f)	[tsɛkətínə]
rápidos (m pl)	rrjedhë (f)	[rjéðə]
barragem (f)	digë (f)	[dígə]
canal (m)	kanal (m)	[kanál]
reservatório (m) de água	rezervuar (m)	[rɛzɛrvuár]
eclusa (f)	pendë ujore (f)	[péndə ujórɛ]

corpo (m) de água	plan hidrik (m)	[plan hidrík]
pântano (m)	kënetë (f)	[kənétə]
tremedal (m)	moçal (m)	[motʃ ál]
remoinho (m)	vorbull (f)	[vórbuɫ]
arroio, regato (m)	përrua (f)	[pərúa]
potável	i pijshëm	[i píjʃəm]
doce (água)	i freskët	[i fréskət]
gelo (m)	akull (m)	[ákuɫ]
congelar-se (vr)	ngrihet	[ŋríhɛt]

130. Nomes de rios

rio Sena (m)	Sena (f)	[séna]
rio Loire (m)	Loire (f)	[luar]
rio Tamisa (m)	Temza (f)	[témza]
rio Reno (m)	Rajnë (m)	[rájnə]
rio Danúbio (m)	Danubi (m)	[danúbi]
rio Volga (m)	Volga (f)	[vólga]
rio Don (m)	Doni (m)	[dóni]
rio Lena (m)	Lena (f)	[léna]
rio Amarelo (m)	Lumi i Verdhë (m)	[lúmi i vérðə]
rio Yangtzé (m)	Jangce (f)	[jaɲtsé]
rio Mekong (m)	Mekong (m)	[mɛkóŋ]
rio Ganges (m)	Gang (m)	[gaŋ]
rio Nilo (m)	Lumi Nil (m)	[lúmi nil]
rio Congo (m)	Lumi Kongo (m)	[lúmi kóŋo]
rio Cubango (m)	Lumi Okavango (m)	[lúmi okaváŋo]
rio Zambeze (m)	Lumi Zambezi (m)	[lúmi zambézi]
rio Limpopo (m)	Lumi Limpopo (m)	[lúmi limpópo]
rio Mississípi (m)	Lumi Misisipi (m)	[lúmi misisípi]

131. Floresta

floresta (f), bosque (m)	pyll (m)	[pyɫ]
florestal	pyjor	[pyjór]
mata (f) cerrada	pyll i ngjeshur (m)	[pyɫ i ɲɟéʃur]
arvoredo (m)	zabel (m)	[zabél]
clareira (f)	lëndinë (f)	[ləndínə]
matagal (f)	pyllëz (m)	[pýɫəz]
mato (m)	shkurre (f)	[ʃkúrɛ]
vereda (f)	shteg (m)	[ʃtɛg]
ravina (f)	hon (m)	[hon]
árvore (f)	pemë (f)	[pémə]

| folha (f) | gjeth (m) | [ɟεθ] |
| folhagem (f) | gjethe (pl) | [ɟéθε] |

queda (f) das folha	rënie e gjetheve (f)	[rəníε ε ɟéθενε]
cair (vi)	bien	[bíεn]
topo (m)	maje (f)	[májε]

ramo (m)	degë (f)	[dégə]
galho (m)	degë (f)	[dégə]
botão, rebento (m)	syth (m)	[syθ]
agulha (f)	shtiza pishe (f)	[ʃtíza píʃε]
pinha (f)	lule pishe (f)	[lúlε píʃε]

buraco (m) de árvore	zgavër (f)	[zgávər]
ninho (m)	fole (f)	[folé]
toca (f)	strofull (f)	[strófuɫ]

tronco (m)	trung (m)	[truŋ]
raiz (f)	rrënjë (f)	[réɲə]
casca (f) de árvore	lëvore (f)	[ləvórε]
musgo (m)	myshk (m)	[myʃk]

arrancar pela raiz	shkul	[ʃkul]
cortar (vt)	pres	[prεs]
desflorestar (vt)	shpyllëzoj	[ʃpyɫəzój]
toco, cepo (m)	cung (m)	[tsúŋ]

fogueira (f)	zjarr kampingu (m)	[zjar kampíŋu]
incêndio (m) florestal	zjarr në pyll (m)	[zjar nə pyɫ]
apagar (vt)	shuaj	[ʃúaj]

guarda-florestal (m)	roje pyjore (f)	[rójε pyjórε]
proteção (f)	mbrojtje (f)	[mbrójtjε]
proteger (a natureza)	mbroj	[mbrój]
caçador (m) furtivo	gjahtar i jashtëligjshëm (m)	[ɟahtár i jaʃtəlíɟʃəm]
armadilha (f)	grackë (f)	[grátskə]

| colher (cogumelos, bagas) | mbledh | [mbléð] |
| perder-se (vr) | humb rrugën | [húmb rúgən] |

132. Recursos naturais

recursos (m pl) naturais	burime natyrore (pl)	[burímε natyrórε]
minerais (m pl)	minerale (pl)	[minεrálε]
depósitos (m pl)	depozita (pl)	[dεpozíta]
jazida (f)	fushë (f)	[fúʃə]

extrair (vt)	nxjerr	[ndzjér]
extração (f)	nxjerrje mineralesh (f)	[ndzjérjε minεráleʃ]
minério (m)	xehe (f)	[dzéhε]
mina (f)	minierë (f)	[miniérə]
poço (m) de mina	nivel (m)	[nivél]
mineiro (m)	minator (m)	[minatór]
gás (m)	gaz (m)	[gaz]

gasoduto (m)	gazsjellës (m)	[gazsjétəs]
petróleo (m)	naftë (f)	[náftə]
oleoduto (m)	naftësjellës (f)	[naftəsjétəs]
poço (m) de petróleo	pus nafte (m)	[pus náftɛ]
torre (f) petrolífera	burim nafte (m)	[burím náftɛ]
petroleiro (m)	anije-cisternë (f)	[aníjɛ-tsistérnə]
areia (f)	rërë (f)	[rérə]
calcário (m)	gur gëlqeror (m)	[gur gəlcɛrór]
cascalho (m)	zhavorr (m)	[ʒavór]
turfa (f)	torfë (f)	[tórfə]
argila (f)	argjilë (f)	[arɟílə]
carvão (m)	qymyr (m)	[cymýr]
ferro (m)	hekur (m)	[hékur]
ouro (m)	ar (m)	[ár]
prata (f)	argjend (m)	[arɟénd]
níquel (m)	nikel (m)	[nikél]
cobre (m)	bakër (m)	[bákər]
zinco (m)	zink (m)	[zink]
manganês (m)	mangan (m)	[maŋán]
mercúrio (m)	merkur (m)	[mɛrkúr]
chumbo (m)	plumb (m)	[plúmb]
mineral (m)	mineral (m)	[minɛrál]
cristal (m)	kristal (m)	[kristál]
mármore (m)	mermer (m)	[mɛrmér]
urânio (m)	uranium (m)	[uraniúm]

A Terra. Parte 2

133. Tempo

tempo (m)	moti (m)	[móti]
previsão (f) do tempo	parashikimi i motit (m)	[paraʃikími i mótit]
temperatura (f)	temperaturë (f)	[tɛmpɛratúrə]
termómetro (m)	termometër (m)	[tɛrmométər]
barómetro (m)	barometër (m)	[barométər]
húmido	i lagësht	[i lágəʃt]
humidade (f)	lagështi (f)	[lagəʃtí]
calor (m)	vapë (f)	[vápə]
cálido	shumë nxehtë	[ʃúmə ndzéhtə]
está muito calor	është nxehtë	[əʃtə ndzéhtə]
está calor	është ngrohtë	[əʃtə ŋróhtə]
quente	ngrohtë	[ŋróhtə]
está frio	bën ftohtë	[bən ftóhtə]
frio	i ftohtë	[i ftóhtə]
sol (m)	diell (m)	[díɛɫ]
brilhar (vi)	ndriçon	[ndritʃón]
de sol, ensolarado	me diell	[mɛ díɛɫ]
nascer (vi)	agon	[agón]
pôr-se (vr)	perëndon	[pɛrəndón]
nuvem (f)	re (f)	[rɛ]
nublado	vranët	[vránət]
nuvem (f) preta	re shiu (f)	[rɛ ʃíu]
escuro, cinzento	vranët	[vránət]
chuva (f)	shi (m)	[ʃi]
está a chover	bie shi	[bíɛ ʃi]
chuvoso	me shi	[mɛ ʃi]
chuviscar (vi)	shi i imët	[ʃi i ímət]
chuva (f) torrencial	shi litar (m)	[ʃi litár]
chuvada (f)	stuhi shiu (f)	[stuhí ʃíu]
forte (chuva)	i fortë	[i fórtə]
poça (f)	brakë (f)	[brákə]
molhar-se (vr)	lagem	[lágɛm]
nevoeiro (m)	mjegull (f)	[mjéguɫ]
de nevoeiro	e mjegullt	[ɛ mjéguɫt]
neve (f)	borë (f)	[bórə]
está a nevar	bie borë	[bíɛ bórə]

134. Tempo extremo. Catástrofes naturais

trovoada (f)	stuhi (f)	[stuhí]
relâmpago (m)	vetëtimë (f)	[vɛtətímə]
relampejar (vi)	vetëton	[vɛtətón]
trovão (m)	bubullimë (f)	[bubuɫímə]
trovejar (vi)	bubullon	[bubuɫón]
está a trovejar	bubullon	[bubuɫón]
granizo (m)	breshër (m)	[bréʃər]
está a cair granizo	po bie breshër	[po biɛ bréʃər]
inundar (vt)	përmbytet	[pərmbýtɛt]
inundação (f)	përmbytje (f)	[pərmbýtjɛ]
terremoto (m)	tërmet (m)	[tərmét]
abalo, tremor (m)	lëkundje (f)	[ləkúndjɛ]
epicentro (m)	epiqendër (f)	[ɛpicéndər]
erupção (f)	shpërthim (m)	[ʃpərθím]
lava (f)	llavë (f)	[ɫávə]
turbilhão (m)	vorbull (f)	[vórbuɫ]
tornado (m)	tornado (f)	[tornádo]
tufão (m)	tajfun (m)	[tajfún]
furacão (m)	uragan (m)	[uragán]
tempestade (f)	stuhi (f)	[stuhí]
tsunami (m)	cunam (m)	[tsunám]
ciclone (m)	ciklon (m)	[tsiklón]
mau tempo (m)	mot i keq (m)	[mot i kɛc]
incêndio (m)	zjarr (m)	[zjar]
catástrofe (f)	fatkeqësi (f)	[fatkɛcəsí]
meteorito (m)	meteor (m)	[mɛtɛór]
avalanche (f)	ortek (m)	[orték]
deslizamento (f) de neve	rrëshqitje bore (f)	[rəʃcítjɛ bórɛ]
nevasca (f)	stuhi bore (f)	[stuhí bórɛ]
tempestade (f) de neve	stuhi bore (f)	[stuhí bórɛ]

Fauna

135. Mamíferos. Predadores

predador (m)	grabitqar (m)	[grabitcár]
tigre (m)	tigër (m)	[tígər]
leão (m)	luan (m)	[luán]
lobo (m)	ujk (m)	[ujk]
raposa (f)	dhelpër (f)	[ðélpər]
jaguar (m)	jaguar (m)	[jaguár]
leopardo (m)	leopard (m)	[lɛopárd]
chita (f)	gepard (m)	[gɛpárd]
pantera (f)	panterë e zezë (f)	[pantérə ɛ zézə]
puma (m)	puma (f)	[púma]
leopardo-das-neves (m)	leopard i borës (m)	[lɛopárd i bórəs]
lince (m)	rrëqebull (m)	[rəcébuɫ]
coiote (m)	kojotë (f)	[kojótə]
chacal (m)	çakall (m)	[tʃakáɫ]
hiena (f)	hienë (f)	[hiénə]

136. Animais selvagens

animal (m)	kafshë (f)	[káfʃə]
besta (f)	bishë (f)	[bíʃə]
esquilo (m)	ketër (m)	[kétər]
ouriço (m)	iriq (m)	[iríc]
lebre (f)	lepur i egër (m)	[lépur i égər]
coelho (m)	lepur (m)	[lépur]
texugo (m)	vjedull (f)	[vjéduɫ]
guaxinim (m)	rakun (m)	[rakún]
hamster (m)	hamster (m)	[hamstér]
marmota (f)	marmot (m)	[marmót]
toupeira (f)	urith (m)	[uríθ]
rato (m)	mi (m)	[mi]
ratazana (f)	mi (m)	[mi]
morcego (m)	lakuriq (m)	[lakuríc]
arminho (m)	hermínë (f)	[hɛrmínə]
zibelina (f)	kunadhe (f)	[kunáðɛ]
marta (f)	shqarth (m)	[ʃcarθ]
doninha (f)	nuselalë (f)	[nusɛlálə]
vison (m)	vizon (m)	[vizón]

castor (m)	kastor (m)	[kastór]
lontra (f)	vidër (f)	[vídər]
cavalo (m)	kali (m)	[káli]
alce (m) americano	dre brilopatë (m)	[drɛ brilopátə]
veado (m)	dre (f)	[drɛ]
camelo (m)	deve (f)	[dévɛ]
bisão (m)	bizon (m)	[bizón]
auroque (m)	bizon evropian (m)	[bizón ɛvropián]
búfalo (m)	buall (m)	[búaɫ]
zebra (f)	zebër (f)	[zébər]
antílope (m)	antilopë (f)	[antilópə]
corça (f)	dre (f)	[drɛ]
gamo (m)	dre ugar (m)	[drɛ ugár]
camurça (f)	kamosh (m)	[kamóʃ]
javali (m)	derr i egër (m)	[dér i égər]
baleia (f)	balenë (f)	[balénə]
foca (f)	fokë (f)	[fókə]
morsa (f)	lopë deti (f)	[lópə déti]
urso-marinho (m)	fokë (f)	[fókə]
golfinho (m)	delfin (m)	[dɛlfín]
urso (m)	ari (m)	[arí]
urso (m) branco	ari polar (m)	[arí polár]
panda (m)	panda (f)	[pánda]
macaco (em geral)	majmun (m)	[majmún]
chimpanzé (m)	shimpanze (f)	[ʃimpánzɛ]
orangotango (m)	orangutan (m)	[oraŋután]
gorila (m)	gorillë (f)	[gorítə]
macaco (m)	majmun makao (m)	[majmún makáo]
gibão (m)	gibon (m)	[gibón]
elefante (m)	elefant (m)	[ɛlɛfánt]
rinoceronte (m)	rinoqeront (m)	[rinocɛrónt]
girafa (f)	gjirafë (f)	[ɟiráfə]
hipopótamo (m)	hipopotam (m)	[hipopotám]
canguru (m)	kangur (m)	[kaŋúr]
coala (m)	koala (f)	[koála]
mangusto (m)	mangustë (f)	[maŋústə]
chinchila (f)	çinçila (f)	[tʃintʃíla]
doninha-fedorenta (f)	qelbës (m)	[célbəs]
porco-espinho (m)	ferrëgjatë (m)	[fɛrəɟátə]

137. Animais domésticos

gata (f)	mace (f)	[mátsɛ]
gato (m) macho	maçok (m)	[matʃók]
cão (m)	qen (m)	[cɛn]

cavalo (m)	kali (m)	[káli]
garanhão (m)	hamshor (m)	[hamʃór]
égua (f)	pelë (f)	[pélə]
vaca (f)	lopë (f)	[lópə]
touro (m)	dem (m)	[dém]
boi (m)	ka (m)	[ka]
ovelha (f)	dele (f)	[délɛ]
carneiro (m)	dash (m)	[daʃ]
cabra (f)	dhi (f)	[ði]
bode (m)	cjap (m)	[tsjáp]
burro (m)	gomar (m)	[gomár]
mula (f)	mushkë (f)	[múʃkə]
porco (m)	derr (m)	[dɛr]
porquinho (m)	derrkuc (m)	[dɛrkúts]
coelho (m)	lepur (m)	[lépur]
galinha (f)	pulë (f)	[púlə]
galo (m)	gjel (m)	[ɟél]
pato (m), pata (f)	rosë (f)	[rósə]
pato (macho)	rosak (m)	[rosák]
ganso (m)	patë (f)	[pátə]
peru (m)	gjel deti i egër (m)	[ɟél déti i égər]
perua (f)	gjel deti (m)	[ɟél déti]
animais (m pl) domésticos	kafshë shtëpiake (f)	[káfʃə ʃtəpiákɛ]
domesticado	i zbutur	[i zbútur]
domesticar (vt)	zbus	[zbus]
criar (vt)	rrit	[rit]
quinta (f)	fermë (f)	[férmə]
aves (f pl) domésticas	pulari (f)	[pularí]
gado (m)	bagëti (f)	[bagətí]
rebanho (m), manada (f)	kope (f)	[kopé]
estábulo (m)	stallë (f)	[stáłə]
pocilga (f)	stallë e derrave (f)	[stáłə ɛ déravɛ]
estábulo (m)	stallë e lopëve (f)	[stáłə ɛ lópəvɛ]
coelheira (f)	kolibe lepujsh (f)	[kolíbɛ lépujʃ]
galinheiro (m)	kotec (m)	[kotéts]

138. Pássaros

pássaro, ave (m)	zog (m)	[zog]
pombo (m)	pëllumb (m)	[pəłúmb]
pardal (m)	harabel (m)	[harabél]
chapim-real (m)	xhixhimës (m)	[dʒidʒimés]
pega-rabuda (f)	laraskë (f)	[laráskə]
corvo (m)	korb (m)	[korb]

gralha (f) cinzenta	sorrë (f)	[sórə]
gralha-de-nuca-cinzenta (f)	galë (f)	[gálə]
gralha-calva (f)	sorrë (f)	[sórə]
pato (m)	rosë (f)	[rósə]
ganso (m)	patë (f)	[pátə]
faisão (m)	fazan (m)	[fazán]
águia (f)	shqiponjë (f)	[ʃcipóɲə]
açor (m)	gjeraqinë (f)	[ɟɛracínə]
falcão (m)	fajkua (f)	[fajkúa]
abutre (m)	hutë (f)	[hútə]
condor (m)	kondor (m)	[kondór]
cisne (m)	mjellmë (f)	[mjéɫmə]
grou (m)	lejlek (m)	[lɛjlék]
cegonha (f)	lejlek (m)	[lɛjlék]
papagaio (m)	papagall (m)	[papagáɫ]
beija-flor (m)	kolibri (m)	[kolíbri]
pavão (m)	pallua (m)	[paɫúa]
avestruz (f)	struc (m)	[struts]
garça (f)	çafkë (f)	[tʃáfkə]
flamingo (m)	flamingo (m)	[flamíŋo]
pelicano (m)	pelikan (m)	[pɛlikán]
rouxinol (m)	bilbil (m)	[bilbíl]
andorinha (f)	dallëndyshe (f)	[daɫəndýʃɛ]
tordo-zornal (m)	mëllenjë (f)	[məɫéɲə]
tordo-músico (m)	grifsha (f)	[grífʃa]
melro-preto (m)	mëllenjë (f)	[məɫéɲə]
andorinhão (m)	dallëndyshe (f)	[daɫəndýʃɛ]
cotovia (f)	thëllëzë (f)	[θəɫézə]
codorna (f)	trumcak (m)	[trumtsák]
pica-pau (m)	qukapik (m)	[cukapík]
cuco (m)	kukuvajkë (f)	[kukuvájkə]
coruja (f)	buf (m)	[buf]
corujão, bufo (m)	buf mbretëror (m)	[buf mbrɛtərór]
tetraz-grande (m)	fazan i pyllit (m)	[fazán i pýɫit]
tetraz-lira (m)	fazan i zi (m)	[fazán i zí]
perdiz-cinzenta (f)	thëllëzë (f)	[θəɫézə]
estorninho (m)	gargull (m)	[gárguɫ]
canário (m)	kanarinë (f)	[kanarínə]
galinha-do-mato (f)	fazan mali (m)	[fazán máli]
tentilhão (m)	trishtil (m)	[triʃtíl]
dom-fafe (m)	trishtil dimri (m)	[triʃtíl dímri]
gaivota (f)	pulëbardhë (f)	[puləbárðə]
albatroz (m)	albatros (m)	[albatrós]
pinguim (m)	penguin (m)	[pɛŋuín]

139. Peixes. Animais marinhos

brema (f)	krapuliq (m)	[krapulíc]
carpa (f)	krap (m)	[krap]
perca (f)	perç (m)	[pɛrtʃ]
siluro (m)	mustak (m)	[musták]
lúcio (m)	mlysh (m)	[mlýʃ]
salmão (m)	salmon (m)	[salmón]
esturjão (m)	bli (m)	[blí]
arenque (m)	harengë (f)	[haréŋə]
salmão (m)	salmon Atlantiku (m)	[salmón atlantíku]
cavala, sarda (f)	skumbri (m)	[skúmbri]
solha (f)	shojzë (f)	[ʃójzə]
lúcio perca (m)	troftë (f)	[trófte]
bacalhau (m)	merluc (m)	[mɛrlúts]
atum (m)	tunë (f)	[túnə]
truta (f)	troftë (f)	[trófte]
enguia (f)	ngjalë (f)	[ɲálə]
raia elétrica (f)	peshk elektrik (m)	[pɛʃk ɛlɛktrík]
moreia (f)	ngjalë morel (f)	[ɲálə morél]
piranha (f)	piranja (f)	[piráɲa]
tubarão (m)	peshkaqen (m)	[pɛʃkacén]
golfinho (m)	delfin (m)	[dɛlfín]
baleia (f)	balenë (f)	[balénə]
caranguejo (m)	gaforre (f)	[gafórɛ]
medusa, alforreca (f)	kandil deti (m)	[kandíl déti]
polvo (m)	oktapod (m)	[oktapód]
estrela-do-mar (f)	yll deti (m)	[yɫ déti]
ouriço-do-mar (m)	iriq deti (m)	[iríc déti]
cavalo-marinho (m)	kalë deti (m)	[kálə déti]
ostra (f)	midhje (f)	[míðjɛ]
camarão (m)	karkalec (m)	[karkaléts]
lavagante (m)	karavidhe (f)	[karavíðɛ]
lagosta (f)	karavidhe (f)	[karavíðɛ]

140. Amfíbios. Répteis

serpente, cobra (f)	gjarpër (m)	[ɟárpər]
venenoso	helmues	[hɛlmúɛs]
víbora (f)	nepërka (f)	[nɛpérka]
cobra-capelo, naja (f)	kobra (f)	[kóbra]
pitão (m)	piton (m)	[pitón]
jiboia (f)	boa (f)	[bóa]
cobra-de-água (f)	kular (m)	[kulár]

cascavel (f)	gjarpër me zile (m)	[ɟárpər mɛ zílɛ]
anaconda (f)	anakonda (f)	[anakónda]
lagarto (m)	hardhucë (f)	[harðútsə]
iguana (f)	iguana (f)	[iguána]
varano (m)	varan (m)	[varán]
salamandra (f)	salamandër (f)	[salamándər]
camaleão (m)	kameleon (m)	[kamɛlɛón]
escorpião (m)	akrep (m)	[akrép]
tartaruga (f)	breshkë (f)	[bréʃkə]
rã (f)	bretkosë (f)	[brɛtkósə]
sapo (m)	zhabë (f)	[ʒábə]
crocodilo (m)	krokodil (m)	[krokodíl]

141. Insetos

inseto (m)	insekt (m)	[insékt]
borboleta (f)	flutur (f)	[flútur]
formiga (f)	milingonë (f)	[miliŋónə]
mosca (f)	mizë (f)	[mízə]
mosquito (m)	mushkonjë (f)	[muʃkóɲə]
escaravelho (m)	brumbull (m)	[brúmbuɫ]
vespa (f)	grerëz (f)	[grérəz]
abelha (f)	bletë (f)	[blétə]
zangão (m)	greth (m)	[grɛθ]
moscardo (m)	zekth (m)	[zɛkθ]
aranha (f)	merimangë (f)	[mɛrimáŋə]
teia (f) de aranha	rrjetë merimange (f)	[rjétə mɛrimáŋɛ]
libélula (f)	pilivesë (f)	[pilivésə]
gafanhoto-do-campo (m)	karkalec (m)	[karkaléts]
traça (f)	molë (f)	[mólə]
barata (f)	kacabu (f)	[katsabú]
carraça (f)	rriqër (m)	[rítsər]
pulga (f)	plesht (m)	[plɛʃt]
borrachudo (m)	mushicë (f)	[muʃítsə]
gafanhoto (m)	gjinkallë (f)	[ɟinkáɫə]
caracol (m)	kërmill (m)	[kərmíɫ]
grilo (m)	bulkth (m)	[búlkθ]
pirilampo (m)	xixëllonjë (f)	[dzidzəɫóɲə]
joaninha (f)	mollëkuqe (f)	[moɫəkúcɛ]
besouro (m)	vizhë (f)	[víʒə]
sanguessuga (f)	shushunjë (f)	[ʃuʃúɲə]
lagarta (f)	vemje (f)	[vémjɛ]
minhoca (f)	krimb toke (m)	[krímb tókɛ]
larva (f)	larvë (f)	[lárvə]

Flora

142. Árvores

árvore (f)	pemë (f)	[pémə]
decídua	gjethor	[ɟɛθór]
conífera	halor	[halór]
perene	përherë të gjelbra	[pərhérə tə ɟélbra]
macieira (f)	pemë molle (f)	[pémə móɫɛ]
pereira (f)	pemë dardhe (f)	[pémə dárðɛ]
cerejeira (f)	pemë qershie (f)	[pémə cɛrʃíɛ]
ginjeira (f)	pemë qershi vishnje (f)	[pémə cɛrʃí víʃɲɛ]
ameixeira (f)	pemë kumbulle (f)	[pémə kúmbuɫɛ]
bétula (f)	mështekna (f)	[məʃtékna]
carvalho (m)	lis (m)	[lis]
tília (f)	bli (m)	[blí]
choupo-tremedor (m)	plep i egër (m)	[plɛp i égər]
bordo (m)	panjë (f)	[páɲə]
espruce-europeu (m)	bredh (m)	[brɛð]
pinheiro (m)	pishë (f)	[píʃə]
alerce, lariço (m)	larsh (m)	[lárʃ]
abeto (m)	bredh i bardhë (m)	[brɛð i bárðə]
cedro (m)	kedër (m)	[kédər]
choupo, álamo (m)	plep (m)	[plɛp]
tramazeira (f)	vadhë (f)	[váðə]
salgueiro (m)	shelg (m)	[ʃɛlg]
amieiro (m)	verr (m)	[vɛr]
faia (f)	ah (m)	[ah]
ulmeiro (m)	elm (m)	[élm]
freixo (m)	shelg (m)	[ʃɛlg]
castanheiro (m)	gështenjë (f)	[gəʃtéɲə]
magnólia (f)	manjolia (f)	[maɲólia]
palmeira (f)	palma (f)	[pálma]
cipreste (m)	qiparis (m)	[ciparís]
mangue (m)	rizoforë (f)	[rizofórə]
embondeiro, baobá (m)	baobab (m)	[baobáb]
eucalipto (m)	eukalipt (m)	[ɛukalípt]
sequoia (f)	sekuojë (f)	[sɛkuójə]

143. Arbustos

arbusto (m)	shkurre (f)	[ʃkúrɛ]
arbusto (m), moita (f)	kaçube (f)	[katʃúbɛ]

videira (f)	hardhi (f)	[harði]
vinhedo (m)	vreshtë (f)	[vréʃtə]

framboeseira (f)	mjedër (f)	[mjédər]
groselheira-preta (f)	kaliboba e zezë (f)	[kalibóba ɛ zézə]
groselheira-vermelha (f)	kaliboba e kuqe (f)	[kalibóba ɛ kúcɛ]
groselheira (f) espinhosa	shkurre kulumbrie (f)	[ʃkúrɛ kulumbríɛ]

acácia (f)	akacie (f)	[akátsiɛ]
bérberis (f)	krespinë (f)	[krɛspínə]
jasmim (m)	jasemin (m)	[jasɛmín]

junípero (m)	dëllinjë (f)	[dəɬíɲə]
roseira (f)	trëndafil (m)	[trəndafíl]
roseira (f) brava	trëndafil i egër (m)	[trəndafíl i égər]

144. Frutos. Bagas

fruta (f)	frut (m)	[frut]
frutas (f pl)	fruta (pl)	[frúta]

maçã (f)	mollë (f)	[móɬə]
pera (f)	dardhë (f)	[dárðə]
ameixa (f)	kumbull (f)	[kúmbuɬ]

morango (m)	luleshtrydhe (f)	[lulɛʃtrýðɛ]
ginja (f)	qershi vishnje (f)	[cɛrʃí víʃɲɛ]
cereja (f)	qershi (f)	[cɛrʃí]
uva (f)	rrush (m)	[ruʃ]

framboesa (f)	mjedër (f)	[mjédər]
groselha (f) preta	kaliboba e zezë (f)	[kalibóba ɛ zézə]
groselha (f) vermelha	kaliboba e kuqe (f)	[kalibóba ɛ kúcɛ]
groselha (f) espinhosa	kulumbri (f)	[kulumbrí]
oxicoco (m)	boronica (f)	[boronítsa]

laranja (f)	portokall (m)	[portokáɬ]
tangerina (f)	mandarinë (f)	[mandarínə]
ananás (m)	ananas (m)	[ananás]
banana (f)	banane (f)	[banánɛ]
tâmara (f)	hurmë (f)	[húrmə]

limão (m)	limon (m)	[limón]
damasco (m)	kajsi (f)	[kajsí]
pêssego (m)	pjeshkë (f)	[pjéʃkə]

kiwi (m)	kivi (m)	[kívi]
toranja (f)	grejpfrut (m)	[grɛjpfrút]

baga (f)	manë (f)	[mánə]
bagas (f pl)	mana (f)	[mána]
arando (m) vermelho	boronicë mirtile (f)	[boronítsə mirtílɛ]
morango-silvestre (m)	luleshtrydhe e egër (f)	[lulɛʃtrýðɛ ɛ égər]
mirtilo (m)	boronicë (f)	[boronítsə]

145. Flores. Plantas

flor (f)	lule (f)	[lúlɛ]
ramo (m) de flores	buqetë (f)	[bucétə]
rosa (f)	trëndafil (m)	[trəndafíl]
tulipa (f)	tulipan (m)	[tulipán]
cravo (m)	karafil (m)	[karafíl]
gladíolo (m)	gladiolë (f)	[gladiólə]
centáurea (f)	lule misri (f)	[lúlɛ mísri]
campânula (f)	lule këmborë (f)	[lúlɛ kəmbórə]
dente-de-leão (m)	luleradhiqe (f)	[lulɛraðícɛ]
camomila (f)	kamomil (m)	[kamomíl]
aloé (m)	aloe (f)	[alóɛ]
cato (m)	kaktus (m)	[kaktús]
fícus (m)	fikus (m)	[fíkus]
lírio (m)	zambak (m)	[zambák]
gerânio (m)	barbarozë (f)	[barbarózə]
jacinto (m)	zymbyl (m)	[zymbýl]
mimosa (f)	mimoza (f)	[mimóza]
narciso (m)	narcis (m)	[nartsís]
capuchinha (f)	lule këmbore (f)	[lúlɛ kəmbórɛ]
orquídea (f)	orkide (f)	[orkidé]
peónia (f)	bozhure (f)	[boʒúrɛ]
violeta (f)	vjollcë (f)	[vjółtsə]
amor-perfeito (m)	lule vjollca (f)	[lúlɛ vjółtsa]
não-me-esqueças (m)	mosmëharro (f)	[mosməharó]
margarida (f)	margaritë (f)	[margarítə]
papoula (f)	lulëkuqe (f)	[luləkúcɛ]
cânhamo (m)	kërp (m)	[kérp]
hortelã (f)	mendër (f)	[méndər]
lírio-do-vale (m)	zambak i fushës (m)	[zambák i fúʃəs]
campânula-branca (f)	luleborë (f)	[lulɛbórə]
urtiga (f)	hithra (f)	[híθra]
azeda (f)	lëpjeta (f)	[ləpjéta]
nenúfar (m)	zambak uji (m)	[zambák úji]
feto (m), samambaia (f)	fier (m)	[fíɛr]
líquen (m)	likene (f)	[likénɛ]
estufa (f)	serrë (f)	[sérə]
relvado (m)	lëndinë (f)	[ləndínə]
canteiro (m) de flores	kënd lulishteje (m)	[kənd lulíʃtɛjɛ]
planta (f)	bimë (f)	[bímə]
erva (f)	bar (m)	[bar]
folha (f) de erva	fije bari (f)	[fíjɛ bári]

folha (f)	gjeth (m)	[ɟɛθ]
pétala (f)	petale (f)	[pɛtálɛ]
talo (m)	bisht (m)	[biʃt]
tubérculo (m)	zhardhok (m)	[ʒarðók]
broto, rebento (m)	filiz (m)	[filíz]
espinho (m)	gjemb (m)	[ɟémb]
florescer (vi)	lulëzoj	[luləzój]
murchar (vi)	vyshket	[výʃkɛt]
cheiro (m)	aromë (f)	[arómə]
cortar (flores)	pres lulet	[prɛs lúlɛt]
colher (uma flor)	mbledh lule	[mbléð lúlɛ]

146. Cereais, grãos

grão (m)	drithë (m)	[dríθə]
cereais (plantas)	drithëra (pl)	[dríθəra]
espiga (f)	kaush (m)	[kaúʃ]
trigo (m)	grurë (f)	[grúrə]
centeio (m)	thekër (f)	[θékər]
aveia (f)	tërshërë (f)	[tərʃérə]
milho-miúdo (m)	mel (m)	[mɛl]
cevada (f)	elb (m)	[ɛlb]
milho (m)	misër (m)	[mísər]
arroz (m)	oriz (m)	[oríz]
trigo-sarraceno (m)	hikërr (m)	[híkər]
ervilha (f)	bizele (f)	[bizélɛ]
feijão (m)	groshë (f)	[gróʃə]
soja (f)	sojë (f)	[sójə]
lentilha (f)	thjerrëz (f)	[θjérəz]
fava (f)	fasule (f)	[fasúlɛ]

PAÍSES. NACIONALIDADES

147. Europa Ocidental

Europa (f)	Evropa (f)	[ɛvrópa]
União (f) Europeia	Bashkimi Evropian (m)	[baʃkími ɛvropián]
Áustria (f)	Austri (f)	[austrí]
Grã-Bretanha (f)	Britani e Madhe (f)	[brítani ɛ máðɛ]
Inglaterra (f)	Angli (f)	[aŋlí]
Bélgica (f)	Belgjikë (f)	[bɛʎíkə]
Alemanha (f)	Gjermani (f)	[ɟɛrmaní]
Países (m pl) Baixos	Holandë (f)	[holándə]
Holanda (f)	Holandë (f)	[holándə]
Grécia (f)	Greqi (f)	[grɛcí]
Dinamarca (f)	Danimarkë (f)	[danimárkə]
Irlanda (f)	Irlandë (f)	[irlándə]
Islândia (f)	Islandë (f)	[islándə]
Espanha (f)	Spanjë (f)	[spáɲə]
Itália (f)	Itali (f)	[italí]
Chipre (m)	Qipro (f)	[cípro]
Malta (f)	Maltë (f)	[máltə]
Noruega (f)	Norvegji (f)	[norvɛɟí]
Portugal (m)	Portugali (f)	[portugalí]
Finlândia (f)	Finlandë (f)	[finlándə]
França (f)	Francë (f)	[frántsə]
Suécia (f)	Suedi (f)	[suɛdí]
Suíça (f)	Zvicër (f)	[zvítsər]
Escócia (f)	Skoci (f)	[skotsí]
Vaticano (m)	Vatikan (m)	[vatikán]
Liechtenstein (m)	Lichtenstein (m)	[litshtɛnstéin]
Luxemburgo (m)	Luksemburg (m)	[luksɛmbúrg]
Mónaco (m)	Monako (f)	[monáko]

148. Europa Central e de Leste

Albânia (f)	Shqipëri (f)	[ʃcipərí]
Bulgária (f)	Bullgari (f)	[buɫgarí]
Hungria (f)	Hungari (f)	[huŋarí]
Letónia (f)	Letoni (f)	[lɛtoní]
Lituânia (f)	Lituani (f)	[lituaní]
Polónia (f)	Poloni (f)	[poloní]

Roménia (f)	Rumani (f)	[rumaní]
Sérvia (f)	Serbi (f)	[sɛrbí]
Eslováquia (f)	Sllovaki (f)	[słovakí]
Croácia (f)	Kroaci (f)	[kroatsí]
República (f) Checa	Republika Çeke (f)	[rɛpublíka tʃékɛ]
Estónia (f)	Estoni (f)	[ɛstoní]
Bósnia e Herzegovina (f)	Bosnje Herzegovina (f)	[bósɲɛ hɛrzɛgovína]
Macedónia (f)	Maqedonia (f)	[macɛdonía]
Eslovénia (f)	Sllovenia (f)	[słovɛnía]
Montenegro (m)	Mali i Zi (m)	[máli i zí]

149. Países da ex-URSS

Azerbaijão (m)	Azerbajxhan (m)	[azɛrbajdʒán]
Arménia (f)	Armeni (f)	[armɛní]
Bielorrússia (f)	Bjellorusi (f)	[bjɛłorusí]
Geórgia (f)	Gjeorgji (f)	[ɟɛoɾɟí]
Cazaquistão (m)	Kazakistan (m)	[kazakistán]
Quirguistão (m)	Kirgistan (m)	[kirgistán]
Moldávia (f)	Moldavi (f)	[moldaví]
Rússia (f)	Rusi (f)	[rusí]
Ucrânia (f)	Ukrainë (f)	[ukraínə]
Tajiquistão (m)	Taxhikistan (m)	[tadʒikistán]
Turquemenistão (m)	Turkmenistan (m)	[turkmɛnistán]
Uzbequistão (f)	Uzbekistan (m)	[uzbɛkistán]

150. Asia

Ásia (f)	Azia (f)	[azía]
Vietname (m)	Vietnam (m)	[viɛtnám]
Índia (f)	Indi (f)	[indí]
Israel (m)	Izrael (m)	[izraél]
China (f)	Kinë (f)	[kínə]
Líbano (m)	Liban (m)	[libán]
Mongólia (f)	Mongoli (f)	[moŋolí]
Malásia (f)	Malajzi (f)	[malajzí]
Paquistão (m)	Pakistan (m)	[pakistán]
Arábia (f) Saudita	Arabia Saudite (f)	[arabía saudítɛ]
Tailândia (f)	Tajlandë (f)	[tajlándə]
Taiwan (m)	Tajvan (m)	[tajván]
Turquia (f)	Turqi (f)	[turcí]
Japão (m)	Japoni (f)	[japoní]
Afeganistão (m)	Afganistan (m)	[afganistán]
Bangladesh (m)	Bangladesh (m)	[baŋladéʃ]

| Indonésia (f) | Indonezi (f) | [indonɛzí] |
| Jordânia (f) | Jordani (f) | [jordaní] |

Iraque (m)	Irak (m)	[irak]
Irão (m)	Iran (m)	[irán]
Camboja (f)	Kamboxhia (f)	[kambódʒia]
Kuwait (m)	Kuvajt (m)	[kuvájt]

Laos (m)	Laos (m)	[láos]
Myanmar (m), Birmânia (f)	Mianmar (m)	[mianmár]
Nepal (m)	Nepal (m)	[nɛpál]
Emirados Árabes Unidos	Emiratet e Bashkuara Arabe (pl)	[ɛmirátɛt ɛ baʃkúara arábɛ]

| Síria (f) | Siri (f) | [sirí] |
| Palestina (f) | Palestinë (f) | [palɛstínə] |

| Coreia do Sul (f) | Korea e Jugut (f) | [koréa ɛ júgut] |
| Coreia do Norte (f) | Korea e Veriut (f) | [koréa ɛ vériut] |

151. America do Norte

Estados Unidos da América	Shtetet e Bashkuara të Amerikës	[ʃtétɛt ɛ baʃkúara tə amɛríkəs]
Canadá (m)	Kanada (f)	[kanadá]
México (m)	Meksikë (f)	[mɛksíkə]

152. America Centrale do Sul

Argentina (f)	Argjentinë (f)	[arɟentínə]
Brasil (m)	Brazil (m)	[brazíl]
Colômbia (f)	Kolumbi (f)	[kolumbí]

| Cuba (f) | Kuba (f) | [kúba] |
| Chile (m) | Kili (m) | [kíli] |

| Bolívia (f) | Bolivi (f) | [boliví] |
| Venezuela (f) | Venezuelë (f) | [vɛnɛzuélə] |

| Paraguai (m) | Paraguai (m) | [paraguái] |
| Peru (m) | Peru (f) | [pɛrú] |

Suriname (m)	Surinam (m)	[surinám]
Uruguai (m)	Uruguai (m)	[uruguái]
Equador (m)	Ekuador (m)	[ɛkuadór]

| Bahamas (f pl) | Bahamas (m) | [bahámas] |
| Haiti (m) | Haiti (m) | [haíti] |

República (f) Dominicana	Republika Dominikane (f)	[rɛpublíka dominikánɛ]
Panamá (m)	Panama (f)	[panamá]
Jamaica (f)	Xhamajka (f)	[dʒamájka]

153. Africa

Egito (m)	Egjipt (m)	[ɛɟípt]
Marrocos	Marok (m)	[marók]
Tunísia (f)	Tunizi (f)	[tunizí]
Gana (f)	Gana (f)	[gána]
Zanzibar (m)	Zanzibar (m)	[zanzibár]
Quénia (f)	Kenia (f)	[kénia]
Líbia (f)	Libia (f)	[libía]
Madagáscar (m)	Madagaskar (m)	[madagaskár]
Namíbia (f)	Namibia (f)	[namíbia]
Senegal (m)	Senegal (m)	[sɛnɛgál]
Tanzânia (f)	Tanzani (f)	[tanzaní]
África do Sul (f)	Afrika e Jugut (f)	[afríka ɛ júgut]

154. Australia. Oceania

Austrália (f)	Australia (f)	[australía]
Nova Zelândia (f)	Zelandë e Re (f)	[zɛlándə ɛ ré]
Tasmânia (f)	Tasmani (f)	[tasmaní]
Polinésia Francesa (f)	Polinezia Franceze (f)	[polinɛzía frantsézɛ]

155. Cidades

Amesterdão	Amsterdam (m)	[amstɛrdám]
Ancara	Ankara (f)	[ankará]
Atenas	Athinë (f)	[aθínə]
Bagdade	Bagdad (m)	[bagdád]
Banguecoque	Bangkok (m)	[baŋkók]
Barcelona	Barcelonë (f)	[bartsɛlónə]
Beirute	Bejrut (m)	[bɛjrút]
Berlim	Berlin (m)	[bɛrlín]
Bombaim	Mumbai (m)	[mumbái]
Bona	Bon (m)	[bon]
Bordéus	Bordo (f)	[bordó]
Bratislava	Bratislavë (f)	[bratislávə]
Bruxelas	Bruksel (m)	[bruksél]
Bucareste	Bukuresht (m)	[bukuréʃt]
Budapeste	Budapest (m)	[budapést]
Cairo	Kajro (f)	[kájro]
Calcutá	Kalkutë (f)	[kalkútə]
Chicago	Çikago (f)	[tʃikágo]
Cidade do México	Meksiko Siti (m)	[méksiko síti]
Copenhaga	Kopenhagen (m)	[kopɛnhágɛn]
Dar es Salaam	Dar es Salam (m)	[dar ɛs salám]

Deli	**Delhi** (f)	[délhi]
Dubai	**Dubai** (m)	[dubái]
Dublin, Dublim	**Dublin** (m)	[dúblin]
Düsseldorf	**Dyseldorf** (m)	[dysɛldórf]
Estocolmo	**Stokholm** (m)	[stokhólm]

Florença	**Firence** (f)	[firéntsɛ]
Frankfurt	**Frankfurt** (m)	[frankfúrt]
Genebra	**Gjenevë** (f)	[ɟɛnévə]
Haia	**Hagë** (f)	[hágə]
Hamburgo	**Hamburg** (m)	[hambúrg]
Hanói	**Hanoi** (m)	[hanói]
Havana	**Havana** (f)	[havána]

Helsínquia	**Helsinki** (m)	[hɛlsínki]
Hiroshima	**Hiroshimë** (f)	[hiroʃímə]
Hong Kong	**Hong Kong** (m)	[hoŋ kóŋ]
Istambul	**Stamboll** (m)	[stambółˌ]
Jerusalém	**Jerusalem** (m)	[jɛrusalém]

Kiev	**Kiev** (m)	[kíɛv]
Kuala Lumpur	**Kuala Lumpur** (m)	[kuála lumpúr]
Lisboa	**Lisbonë** (f)	[lisbónə]
Londres	**Londër** (f)	[lóndər]
Los Angeles	**Los Anxhelos** (m)	[lós andʒɛlós]
Lyon	**Lion** (m)	[lión]

Madrid	**Madrid** (m)	[madríd]
Marselha	**Marsejë** (f)	[marséjə]
Miami	**Majami** (m)	[majámi]
Montreal	**Montreal** (m)	[montrɛál]
Moscovo	**Moskë** (f)	[móskə]
Munique	**Munih** (m)	[muníh]

Nairóbi	**Najrobi** (m)	[najróbi]
Nápoles	**Napoli** (m)	[nápoli]
Nisa	**Nisë** (m)	[nísə]
Nova York	**Nju Jork** (m)	[ɲu jork]

Oslo	**oslo** (f)	[óslo]
Ottawa	**Otava** (f)	[otáva]
Paris	**Paris** (m)	[parís]
Pequim	**Pekin** (m)	[pɛkín]
Praga	**Pragë** (f)	[prágə]

Rio de Janeiro	**Rio de Zhaneiro** (m)	[río dɛ ʒanéiro]
Roma	**Romë** (f)	[rómə]
São Petersburgo	**Shën Petersburg** (m)	[ʃən pɛtɛrsbúrg]
Seul	**Seul** (m)	[sɛúl]
Singapura	**Singapor** (m)	[siŋapór]
Sydney	**Sidney** (m)	[sidnéy]

Taipé	**Taipei** (m)	[taipéi]
Tóquio	**Tokio** (f)	[tókio]
Toronto	**Toronto** (f)	[torónto]
Varsóvia	**Varshavë** (f)	[varʃávə]

| Veneza | Venecia (f) | [vɛnétsia] |
| Viena | Vjenë (f) | [vjénə] |

| Washington | Uashington (m) | [vaʃiŋtón] |
| Xangai | Shangai (m) | [ʃaŋái] |

www.ingramcontent.com/pod-product-compliance
Lightning Source LLC
Chambersburg PA
CBHW070602050426
42450CB00011B/2951